El Síndrome de la Vida Ocupada

Encuentra Propósito

JoséTadeo

Editorial Blue Partner

© 2025 José Tadeo y/ò José Blue

Todos los derechos reservados. Ninguna parte de este libro puede ser reproducida, almacenada o transmitida en cualquier forma o por cualquier medio, ya sea electrónico, mecánico, fotocopia, grabación o cualquier otro, sin el permiso previo y por escrito del autor.

Segunda edición, marzo de 2025

Publicación independiente, Amazon Kindle , Tapa Blanda y Tapa Dura.

ISBN: Impreso en Cubierta.

Impreso en los Estados Unidos de América

Dedicatoria

Este libro está dedicado a todos aquellos que buscan liberarse de la trampa del exceso de ocupación, a quienes se atreven a cuestionar la carrera constante hacia ninguna parte, y deciden recuperar su vida para llenarla de propósito, equilibrio y paz verdadera.

José Tadeo

El Síndrome de la Vida Ocupada

Cómo superar el burnout y vivir con propósito

¿Estás atrapado en un ciclo sin fin de ocupación constante, buscando validación externa sin encontrar paz? Este libro revela cómo escapar de "la trampa del esfuerzo incesante", recuperar tu propósito y vivir una vida auténtica. Una guía transformadora para quienes sienten que nunca es suficiente. Descubre cómo reconectar con lo que realmente importa.

PRÓLOGO:

"La trampa del esfuerzo incesante no es solo un error, es el mayor espejismo de nuestra era: trabajar más, aparentar más y lograr menos de lo que realmente importa." — José Tadeo.

Durante años, como a muchos de ustedes, me vendieron el espejismo del éxito: esa idea brillante de que había una cúspide a la que debía llegar sin parar. Me decían que al alcanzar esa cima, sentiría una gran satisfacción, como si todo en la vida tuviera sentido de repente. **"Solo un poco más"**, me repetía una y otra vez, siempre persiguiendo ese objetivo inalcanzable. Y lo logré muchas veces. Alcancé lo que me habían dicho que debía alcanzar, pero al final, **¿qué era realmente ese éxito? ¿Era ese el éxtasis prometido?** La verdad es que, al principio, sí se siente bien; la euforia y la satisfacción llegan vamos a decir que por un momento llenan mi ser. Pero solo duró un momento efímero antes de que necesitara otra dosis, algo más grande, algo más rápido. Nunca fue suficiente para colmar la sed insaciable de éxito y reconocimiento. Quizá no es tu sed es lo que te han vendido.

En mis 25 años, mi mayor anhelo era tener un espacio propio, un lugar donde pudiera vivir y demostrarme a mí mismo que podía lograrlo. Como todo joven en busca de independencia, decidí irme de casa después de una acalorada discusión con mi padre. Él era muy exigente, pero al final del día, me enseñó valiosas lecciones sobre disciplina y esfuerzo. Ahora las agradezco profundamente, aunque en aquel entonces no entendía su importancia.

Mi primer logro de independencia personal fue alcanzado al alquilar un pequeño apartamento. Recuerdo con claridad la mezcla de emociones que surgieron cuando entré a mi nuevo hogar por primera vez, una sensación de libertad y emoción que se entrelazan con la ansiedad y el temor de cómo iba a poder pagar el alquiler en medio de una prematura digamos situación económica, ya que ni un presupuesto sabía yo hacer y ya contaba con una responsabilidad. Sin embargo, esa preocupación no me detuvo e inicié una constante lucha para conseguir el famoso éxito, eso me llevó a meterme también en una deuda con un vehículo nuevo y comenzó a crecer la bola de nieve. Al tiempo y gracias a un préstamo del banco y mi arduo trabajo en mi empresa, finalmente pude comprar mi propio apartamento. Era pequeño, con solo una habitación, pero lo renové con entusiasmo y amor. Aunque apenas tuve tiempo de disfrutarlo, ya que pronto me di cuenta de que necesitaba algo más grande, más imponente. Así que vendí mi primer apartamento y comencé la búsqueda de uno con más habitaciones.

No quiero adentrarme demasiado en los detalles de mi historia personal, pero llegando a los 40 años me di cuenta de que había caído completamente en la trampa del **"más, más, más"**. **Un ciclo sin fin** de trabajo constante, sacrificios y decisiones tomadas por un ego insaciable que me decía constantemente que no era suficiente, que debía seguir escalando, comparándose con otros y buscando una validación externa que nunca parecía ser suficiente para llenar el vacío dentro de mí. Lo llamaré en este libro y adoptaré como concepto **"La trampa inagotable del esfuerzo incesante"** donde me refiero a una descripción de cómo las personas quedan atrapadas en un ciclo interminable de trabajo y ambición, persiguiendo un ideal de éxito que nunca se alcanza verdaderamente. En este ciclo, el éxito se convierte en una ilusión perpetua, y la satisfacción se ve constantemente pospuesta en la búsqueda de más logros, más horas trabajadas, más cosas por adquirir. Esta mentalidad no solo consume el tiempo y la energía de los individuos, sino que los aleja de lo que realmente importa: la paz interior, el propósito y la conexión genuina con uno mismo y con los demás. Yo mismo atrapado en una rueda giratoria de ambición inagotable, siempre persiguiendo algo que al final no me brindaba ni paz ni satisfacción, era la perfecta descripción de este concepto que les traigo.

Este estilo de vida agitado me llevó a perder la perspectiva de lo que realmente importaba. Cada vez que veía un espacio vacío, sentía la necesidad de llenarlo con otro logro para seguir escalando en mi carrera, o en la vida, o cualquier otra cosa. Y cuando no estaba trabajando, seguía ocupado comparándose con los demás, midiendo mi éxito por lo que tenía o hacía, en lugar de quién era realmente. Este ciclo era tan agotador y constante que me consumió sin siquiera darme cuenta. Estaba tan atrapado en mi propio mundo de ego y competencia, que dejé de notar el daño que me estaba causando tanto física como emocionalmente.

La gente fuera de este círculo a veces puede ver cómo te mueves, cómo trabajas, cómo tienes éxito, pero no pueden ver la fatiga que cargas dentro de ti, el agotamiento constante de una mente que nunca se detiene. Y lo peor de todo es que mientras estás atrapado en esta montaña rusa emocional y profesional, ni siquiera te das cuenta. Crees que todos están igual que tú, siguiendo la misma corriente de hacer más, lograr más, ser más. No te tomas el tiempo para observar a los demás, reflexionar o sentir. Y lo peor de todo es que no hay espacio para la empatía, ya que el ego siempre te impulsa a ver al mundo como una competencia. Puede haber un poco de envidia o deseo alimentado por la necesidad de estar **"en la cima"**, pero nunca es suficiente. Lo que antes podría haberte hecho feliz ya no es suficiente para ti ahora mismo, sin importar cuánto te lo digas a ti mismo.

Este ciclo sin fin es un terreno peligroso, pues la carrera nunca parece tener un final alcanzable. Es una lucha constante de resistencia, en la que uno nunca llega a descansar, sino a más y más trabajo arduo, más y más comparaciones con los demás, sumado a un vacío cada vez mayor. Y mientras más corres, más te alejas de tu verdadero yo. En ese momento se hace evidente que la vida se convierte en un esfuerzo constante por mantener una imagen, por aparentar ser lo que no eres, por seguir el molde del éxito establecido por otros.

Pero no tiene que ser así. Si estás leyendo esto, tal vez también has sido atrapado en esa rueda de la vida agitada, impulsada por el ego y las apariencias. Ha llegado el momento de detenerse y reflexionar. Es hora de poner una pausa y empezar a reconocer lo que realmente importa: tu bienestar, tu paz interior y, sobre todo, tu conexión con tu verdadero ser. Porque el éxito no es lo que nos han vendido, no está en objetos materiales ni en las comparaciones con otras personas. El verdadero éxito nace desde adentro; es aquel que te permite vivir en armonía contigo mismo, sin la necesidad de competir, correr o aparentar.

Este libro es mi historia pero también es la tuya. Es una invitación a salir de esa trampa; **"la trampa inagotable del esfuerzo incesante"** y encontrar la libertad de vivir sin miedos, sin ego y sin las presiones externas que nos han impuesto. Es hora de descubrir el verdadero significado del éxito.

El verdadero problema radica en que tu cuerpo y mente te están dando señales de alarma. Tu cuerpo está agotado, con todos los síntomas clásicos del exceso: pestañas y cejas que se caen a mechones, cabello que se desprende en grandes cantidades. Sin embargo, has normalizado este estado y a veces sientes ganas de llorar sin saber exactamente por qué. Aún así, tu cuerpo te permite seguir en piloto automático, este modo de supervivencia que te permite continuar a pesar de todo. El estrés es el mal predominante en este siglo, siempre presente y constante. Y aunque tienes un espacio libre para descansar, lo vuelves a llenar con actividades y responsabilidades. Tu cuerpo y mente continúan encendiendo la luz roja de alerta, pero tú te empeñas en seguir adelante sin importar las consecuencias para tu familia o incluso para tu propia vida.

La vida es un regalo, y como bien creían los estoicos, debemos practicar el "memento mori", recordando constantemente nuestra mortalidad. Cada día es un momento único e irrepetible, por lo que debemos vivirlo con intencionalidad y propósito. El tiempo, ese recurso tan valioso, no puede ser recuperado una vez pasado. **Marco Aurelio**, uno de los más sabios estoicos, decía: **"Vive como si ya hubieras muerto"**, pues cada día es un privilegio que no debe ser desperdiciado. ¿Qué sentido tiene invertir nuestras vidas en asuntos triviales y agotadores? ¿Por qué llenar nuestros días de actividades sin significado ni propósito? Si entendemos que cada respiración es un privilegio, debemos vivir en busca de lo verdaderamente importante: significado, conexión y paz interior, en lugar de perseguir una idea vacía de éxito impuesta por la sociedad.

CAPÍTULO 1: EL SÍNDROME DE LA VIDA OCUPADA: ¿POR QUÉ NORMALIZAMOS LA VIDA OCUPADA, EL ESPEJISMO QUE NOS HAN VENDIDO Y LA APARIENCIA?.

"No confundas estar ocupado con ser exitoso; lo importante no es cuánto haces, sino por qué lo haces." — José Tadeo

El espejismo del éxito ha sido instado por aquellos que promueven un modelo económico basado en la productividad incesante y la acumulación. Este fenómeno no es nuevo; ha sido impulsado por industriales, filósofos periodistas a lo largo de la historia, quienes han ofrecido una visión del **"éxito"** como una constante venta del tiempo y la expansión del trabajo sin cuestionar el verdadero propósito de la vida. La filosofía y las ideologías sobre el trabajo y el éxito se han entrelazado profundamente en nuestra sociedad.

El reconocido sociólogo **Max Weber** emprendió un examen en profundidad de cómo las ideas provenientes de la ética protestante, especialmente el calvinismo, influenciaron la percepción del trabajo en el contexto del capitalismo moderno. Para Weber, la creencia de que **"trabajar duro y ser productivo"** era sinónimo de moralidad y rectitud se convirtió en el pilar de una cultura que no solo veía al trabajo como necesario, sino como un camino para alcanzar trascendencia. En el calvinismo, la prosperidad material era interpretada como una señal de bendición divina, lo que fortalecía aún más la idea de que la constante productividad y el incansable esfuerzo eran virtudes indispensables a cultivar. Esta mentalidad arraigó profundamente en el capitalismo industrial, donde el valor del trabajo arduo evolucionó hacia una moral que prioriza el esfuerzo por encima del bienestar personal. Así, el "éxito" dejó de ser definido por la satisfacción personal y pasó a depender de la capacidad para trabajar largas jornadas, sin importar los costos emocionales o físicos.

En una época donde la religión dejaba cada vez más espacio a la ciencia, el psicoanalista **Sigmund Freud** hacía importantes observaciones sobre cómo la sociedad moderna había transformado el concepto de trabajo en una forma de obtener gratificación y validación externa. En su teoría, argumentaba que los avances tecnológicos y la civilización habían traído consigo prosperidad material, pero también una presión constante para estar en un estado de productividad y competencia permanente. La cultura del trabajo se había convertido en una forma de sublimar los deseos personales en pos del éxito social y profesional, alimentada por nuestro ego y nuestras necesidades de reconocimiento externo.

William Randolph Hearst; un hombre cuyo nombre es sinónimo de éxito y dedicación incansable. Como titán de los medios de comunicación a finales del siglo XIX, Hearst no sólo encarnó esta mentalidad, sino que también la difundió a través de su vasto imperio mediático. A través de periódicos, revistas y otras publicaciones, promovió la creencia arraigada en que la productividad constante y la acumulación de logros materiales era el verdadero camino hacia el valor personal. Para él, sus empleados y la sociedad en general, estar ocupado y alcanzar más eran las claves del éxito absoluto.

Para **Hearst,** la dedicación inquebrantable al trabajo no era solo una forma de alcanzar el éxito personal, sino una herramienta para controlar y moldear la cultura. Creía profundamente en la idea de que la productividad constante y el esfuerzo sin descanso eran fundamentales para el progreso de cualquier sociedad próspera. Impuso una rutina laboral extremadamente exigente a sus empleados, quienes trabajaban largas horas bajo una presión constante para mantener su imperio en constante expansión.

En sus propios periódicos, Hearst promovió la conexión entre el trabajo arduo y la validación externa, reforzando la creencia de que solo se podía alcanzar el éxito si se estaba siempre ocupado, siempre haciendo más y siempre buscando el siguiente logro. A lo largo de su carrera, nunca cuestionó este modelo implacable. De hecho, se convirtió en un ferviente defensor de la productividad extrema, sin tener en cuenta los costos emocionales o físicos que conllevaba.

Su perspectiva competitiva hacia el éxito no solo se aplicaba a su propia vida, sino también a sus empleados, a quienes instaba a trabajar aún más y a no cuestionar la necesidad de estar siempre en movimiento. Fue una figura central en la propagación de una mentalidad en la que la productividad era considerada como un reflejo directo del valor humano, ignorando por completo la importancia del bienestar personal.

Hearst, un magnate de los medios en la cultura estadounidense, influenció profundamente el concepto de éxito a través del trabajo arduo y la acumulación de riqueza. Su figura fue crucial en difundir y consolidar este modelo en la sociedad moderna.

A través de su imperio mediático, Hearst no solo amplió su alcance, sino que también jugó un papel importante en dar forma a la mentalidad de la sociedad actual. En esta búsqueda interminable por lograr más y más éxitos, la sociedad ha descuidado su bienestar personal y su verdadero propósito. La obsesión por el trabajo constante, el éxito material y la validación externa ha dejado a muchas personas atrapadas en un ciclo agotador e insatisfactorio.

Fundador de periódicos como The New York Journal, Hearst fue pionero en el periodismo sensacionalista que mantenía al público constantemente enganchado. Esto significaba producir historias sin descanso y sentir una presión constante para obtener resultados inmediatos y medibles. A través de sus escritos, Hearst promovió una cultura altamente competitiva tanto dentro como fuera de su empresa.

La **"competencia"** no era solo una estrategia de marketing para Hearst, sino una forma de vida en su empresa. Estaba obsesionado con ser el primero en publicar noticias y esta obsesión por la competencia llevó a una gran presión sobre sus empleados para cumplir con sus exigentes estándares de productividad. El bienestar del individuo no era una preocupación para Hearst, quien siempre estaba obsesionado con superar a sus competidores y alcanzar nuevos niveles de éxito.

Se dice que en su época, Hearst tenía poco interés por el bienestar de sus empleados en términos de salud mental o física. Su obsesión por ser el mejor y más grande en la industria de los medios se extendió a sus relaciones laborales, creando un ambiente donde la productividad era más valorada que la salud personal o la satisfacción.

Un relato famoso que ilustra claramente esta cultura de trabajo extremo impuesta por William Randolph Hearst es la historia detrás de la **"Guerra de los periódicos" entre él y Joseph Pulitzer**, dos magnates de los medios altamente influyentes a finales del siglo XIX y principios del XX. Esta guerra mediática, que tuvo un gran impacto en el periodismo de la época, es un ejemplo claro de cómo Hearst promovía la productividad y la competitividad a expensas de la ética periodística y el bienestar de sus empleados.

En esa época, La Guerra de los Periódicos y el Sensacionalismo eran increíblemente populares. A fines del siglo XIX, William Randolph Hearst, dueño del New York Journal, y Joseph Pulitzer, dueño del New York World, libraron una feroz competencia para superar al otro en términos de circulación y poder mediático. Este conflicto no solo fue una lucha por intereses comerciales, sino también un reflejo de cómo la cultura laboral extenuante y el sensacionalismo estaban entrelazados en la mentalidad de esa época.

Hearst estaba obsesionado con vencer a **Pulitzer**, ya había construido su imperio a través de adquisiciones y expansiones de periódicos. Para lograr esto, implementa estrategias extremadamente agresivas, como el sensacionalismo: historias exageradas y, en muchos casos, inventadas para atraer la atención del público y aumentar la circulación de su periódico. El ejemplo más famoso de esto fue la cobertura de la explosión del **USS Maine** en 1898, que ocurrió en el puerto de La Habana, Cuba. Aunque nunca se pudo determinar con certeza qué causó la explosión, Hearst y

Pulitzer decidieron inflamar el sentimiento patriótico al culpar a España por el incidente, lo que finalmente contribuyó a la entrada de Estados Unidos en la Guerra Hispano-estadounidense.

En su afán de superar a Pulitzer, Hearst no solo utilizó tácticas sensacionalistas, sino que también exigió a sus reporteros y empleados trabajar sin descanso bajo una presión constante para producir más contenido y atraer a más lectores. Esto creó un ambiente laboral donde las largas horas y la presión para producir rápidamente eran la norma. Los reporteros se vieron obligados a trabajar en condiciones extremas, sacrificando su salud física y emocional para cumplir con las expectativas implacables de **Hearst.**

El propio **Hearst,** como jefe, era conocido por exigir una productividad constante y por alentar una cultura de competencia feroz. Sus empleados, en su mayoría jóvenes, se vieron atrapados en esta rueda de trabajo sin fin, lo que los llevó a experiencias de agotamiento extremo y, en algunos casos, enfermedades físicas y mentales debido al estrés. La obsesión por la circulación y la competitividad no solo afectó a sus empleados, sino también al propio periodismo, que se vio distorsionado por el sensacionalismo y la falta de ética en la información.

La guerra de los periódicos y las tácticas

despiadadas de **Hearst** reflejan un ejemplo claro de cómo la búsqueda obsesiva del éxito material y del poder mediático puede crear una cultura de trabajo insostenible. Aunque Hearst nunca se retractó de su enfoque implacable de trabajo, este episodio resalta cómo su imperio mediático, impulsado por su propia mentalidad de productividad constante, contribuyó a una era de sensacionalismo que dejó un impacto duradero en el periodismo y en la sociedad. Y hasta la actualidad se puede decir que es parte de la base del amarillismo que caracteriza las redes sociales por ejemplo.

Este relato es famoso no solo por su dramatismo, sino también por cómo ilustra las consecuencias devastadoras de la mentalidad de "trabaja más para ser más", impuesta a la sociedad y que afectó tanto a los empleados como al público. Las noticias manipuladas y superficiales eran constantemente bombardeadas en lugar de información ética y equilibrada.

La venta del **"espejismo del éxito"** en la era moderna, es una realidad; y a lo largo de los siglos, hemos visto cómo hemos sido inundados con la idea de que el éxito se alcanza trabajando largas horas, manteniéndonos ocupados, siempre haciendo algo. Este mensaje ha sido promovido por industriales desde la Revolución Industrial, y más recientemente por figuras influyentes en la era digital. Nos han vendido la narrativa falsa de que el trabajo arduo y constante, sin importar su propósito o ética, es la única forma de alcanzar el éxito y la riqueza.

El hecho de que hoy, con la llegada del marketing digital, las redes sociales y el acceso constante a información, nos sintamos más presionados que nunca es un reflejo de cómo esta ideología se ha intensificado. Las pantallas se han convertido en un espacio donde pasamos la mayor parte del tiempo trabajando, buscando validación y persiguiendo un ideal inalcanzable. El marketing digital, en particular, nos vende la ilusión de que alcanzar el "éxito" es tan simple como hacer una inversión, generar contenido o vender algo, cuando en realidad es una trampa que nos impulsa a trabajar más para comprar cosas innecesarias en busca de una falsa sensación de logro.

La generación de cristal, nacida en la era digital, tiene acceso a una cantidad de información abrumadora, y la sobrecarga de datos se convierte en un ruido que impide el procesamiento claro y significativo de la información. Además, los **"falsos positivos"**, estos mensajes de éxito inmediato que prometen una vida mejor a través del marketing o las inversiones rápidas, nos desvían de nuestro verdadero propósito. Esto nos convierte en esclavos modernos de las pantallas, siempre buscando algo más, nunca satisfechos con lo que tenemos.

El hecho de que trabajemos más, ganemos más, pero siempre queramos más, es la mayor forma de esclavitud moderna. Vivir en un ciclo constante de adquisición, donde el consumo es el objetivo y el trabajo se convierte en el medio para alcanzarlo, es una trampa que nos aleja de lo que realmente importa: un propósito de vida claro, la conexión genuina con nosotros mismos y con los demás. Este ciclo que es un circulo vicioso yo lo llamo en este libro **"La trampa inagotable del esfuerzo incesante", y es lo que nos aleja de nuestro ser, espiritualidad y un propósito verdadero.**

La transición de una vida guiada por un propósito auténtico hacia una vida centrada en la productividad vacía es uno de los fenómenos más significativos de la era moderna. Durante siglos, las culturas y filosofías, desde las antiguas enseñanzas espirituales hasta las más modernas, nos han dicho que el propósito de la vida está en la conexión con nuestro ser interior, el servicio a los demás y el vivir de acuerdo con nuestros valores más profundos. Sin embargo, con el avance del capitalismo y el advenimiento de la Revolución Industrial, el trabajo y la productividad comenzaron a verse como los principales indicadores de éxito. El propósito ya no fue una búsqueda interna de realización y trascendencia, sino un esfuerzo hacia la acumulación, la competencia y la validación externa.

En este proceso, **"La trampa del esfuerzo incesante"** se asentó profundamente en la psique colectiva, hoy en dia disfrazada de muchas maneras, marketing digital, trading, las historias de éxito en Silicon Valley, los **"gurús"** del emprendimiento que hablan de **"trabajar 100 horas a la semana",** pero de esos gurús cuantos llegan a la supuesta cima y cuales tienen una salud mental adecuada , nunca lo sabremos porque se esconden en las redes sociales y filtran lo malo , para contar solo lo maravilloso. Hay que entender que el propósito personal está ligado a la satisfacción interna y la paz. Pues hay que entender que el propósito, o mejor dicho, se sacrificó, se disolvió en la vorágine de hacer más, obtener más, y ser más, se cambió oro por espejitos lo que hacían colonos con los indios. — Todo en nombre de un éxito que, a menudo, no lleva a ninguna satisfacción real.

Prácticamente en la actualidad triunfó **la Sociedad de la Comparación**; además de estas industrias, la **sociedad de la comparación**, alimentada por las redes sociales y el marketing digital, perpetúa el ciclo del esfuerzo incesante. La constante exposición a las vidas de "éxito" de otras personas, mostradas en plataformas como Instagram, YouTube, TikTok, LinkedIn y otras, crea la presión de tener que estar siempre en movimiento, siempre en ascenso, siempre alcanzando nuevos hitos. Lo que antes era un esfuerzo personal por lograr una vida satisfactoria, ahora se ha transformado en una competencia constante, donde el valor personal se mide por la cantidad de logros, bienes materiales y reconocimiento social que uno obtiene. Incluso este servidor y otros que queremos hacer la crítica estamos expuestos, es una aplanadora inclemente que nos arrastra a todos y de eso debemos cuidarnos o por lo menos concientizar a diario.

CAPÍTULO 2: LA TRAMPA DEL ESFUERZO INCESANTE: REFLEXIONES DE PENSADORES Y PSICÓLOGOS SOBRE LA OBSESIÓN POR EL TRABAJO Y LA PRODUCTIVIDAD.

"La sociedad moderna nos aliena, haciendo del trabajo y el consumo las únicas vías de validación." — Herbert Marcuse

En la sociedad moderna, existe una trampa insidiosa lo que llamo **"La Trampa del Esfuerzo Incesante"**. Se trata de la obsesión por trabajar constantemente y acumular logros como medida principal de éxito y valor personal. Este ciclo consume a las personas, llevándolas a perseguir el éxito material y social a expensas de su bienestar, relaciones personales y propósito genuino.

Es posible que conozcas a alguien que se obsesione con este supuesto éxito - yo estoy seguro de que sí. Varios pensadores, psicólogos y sociólogos han explorado cómo esta mentalidad ha crecido en la cultura capitalista en los últimos años, convirtiendo la productividad en sinónimo de identidad personal. En las siguientes líneas, veremos cómo las obras de **Herbert Marcuse, Zygmunt Bauman, Sherry Turkle, Chris Hedges y Timothy Ferriss** ilustran las consecuencias de esta forma de pensar. Utilizaré mi propia interpretación para analizar sus perspectivas sobre este tema.

En su obra **"El Hombre Unidimensional" (1964), Herbert Marcuse** argumenta que la sociedad capitalista avanzada ha creado individuos cuyo valor se basa únicamente en su capacidad para producir y consumir. Según Marcuse, la tecnología y el trabajo se han utilizado para alienar a las personas, convirtiéndolas en seres "unidimensionales". En lugar de vivir según sus verdaderos deseos, las personas se ven atrapadas en un sistema que las obliga a trabajar y consumir sin cuestionamientos.

Marcuse describe cómo esta trampa nos priva de nuestra capacidad para cuestionar el sistema y buscar una vida más plena. En su lugar, nos sometemos a una rutina constante de trabajo, consumo y entretenimiento superficial. La trampa no solo radica en la sobrecarga de trabajo, sino también en cómo la cultura del trabajo se convierte en una forma de alienación que nos priva de nuestra libertad y capacidad para vivir una vida auténtica.

En su obra **"La Modernidad Líquida" (2000), Zygmunt Bauman** describe una sociedad en constante cambio, donde las estructuras sociales y los valores se vuelven cada vez más fluidos e inseguros. Las personas se sienten presionadas a adaptarse rápidamente a un entorno en constante transformación, sin lograr encontrar una estabilidad duradera. De acuerdo con Bauman, el capitalismo fomenta una "sociedad de la inseguridad", en la que el trabajo incansable es visto como el único medio para alcanzar una sensación de seguridad.

De hecho, la tecnología ha exacerbado **"La trampa del esfuerzo incesante"**. La hiperconexión nos obliga a estar siempre disponibles, siempre en movimiento y siempre buscando una validación aún mayor. Este ciclo perpetuo de interacción digital nos impide desconectarnos, reflexionar o encontrar tiempo para la verdadera introspección. En lugar de vivir en el momento presente, estamos atrapados en la necesidad de "hacer más" para ser reconocidos.

Por otro lado, en su libro "**Alone Together" (2011), Sherry Turkle** analiza cómo la tecnología y la hiperconectividad han transformado nuestra forma de interactuar con el mundo y con nosotros mismos. Según ella, el uso constante de dispositivos tecnológicos y redes sociales nos ha llevado a una **"conexión superficial"** tanto con los demás como con nuestras propias vidas. Nos sentimos atrapados en un ciclo interminable de validación externa, buscando constantemente la aprobación a través de "me gusta" y notificaciones, sin ser conscientes del costo emocional y psicológico que esto conlleva.

Las ideas de **Marcuse, Bauman, Turkle, Hedges y Ferriss** nos permiten ver claramente **"la trampa del esfuerzo incesante"** que se encuentra enraizada en la cultura del capitalismo moderno. Aclaro que mi crítica no es para el capitalismo en sí, ya que creo que el socialismo también tiene sus propias fallas como ideología y ha sido mal utilizado por dictadores y abusadores del pueblo. De hecho, considero que el socialismo instaurado políticamente en muchas partes del mundo ha sido un obstáculo para el progreso humano debido a cómo ha sido manipulado y utilizado en beneficio de élites de izquierda. Creo que es posible filtrar y tamizar ciertos aspectos del capitalismo y llegar a una versión con propósito, donde las personas no se definen únicamente por su producción sin cuestionar el costo emocional y psicológico de este enfoque. Mientras algunos defienden la productividad y el trabajo constante, otros nos alertan sobre los peligros de este ciclo, que nos aleja de nuestra humanidad, reflexión y verdadero propósito en la vida. La liberación de esta trampa no está en hacer más sino en redefinir lo que significa vivir con equilibrio y verdadero propósito.

El pensamiento de fortalecer el capitalismo con un propósito y comprender cómo afecta nuestra existencia es una idea intrigante. Sin embargo, debemos tener en cuenta que cualquier indicio de socialismo no puede ser la respuesta. Según **Friedrich Hayek** en su obra **"El Camino de la Servidumbre"** (1944), el socialismo moderno no solo es una mala solución a los problemas del capitalismo, sino que también es un retroceso que empobrece a la humanidad. Hayek sostiene que el control estatal de la economía y las decisiones centralizadas son inherentemente ineficaces y limitan la libertad individual. Para él, el socialismo busca una uniformidad imposible de lograr y restringe la capacidad de los individuos para buscar su propio bienestar, lo cual va en contra de los principios del libre mercado, donde se fomenta la creatividad, la innovación y la satisfacción personal.

Hayek también es crítico de alguna manera de lo que yo llamo **"La trampa del esfuerzo incesante" aunque el no lo denomina así,** ya que el socialismo tiende a concentrar demasiado poder en el Estado, impidiendo que las personas tomen decisiones libres sobre sus vidas. En lugar de ser una salida al agotamiento y sobrecarga laboral, el socialismo crea un entorno donde el trabajo es visto como una obligación impuesta por el Estado, no como una búsqueda personal de realización.

Sin embargo, **Hayek** argumenta que el socialismo no cumple su promesa de igualdad y bienestar social. En cambio, aumenta la burocracia y reduce las oportunidades para que las personas encuentren su verdadero propósito. La dependencia creciente del Estado elimina la capacidad de autodeterminación, uno de los mayores impulsos del ser humano. Para **Hayek**, un sistema basado en la libertad individual y el mercado es la verdadera solución para superar la alienación y el esfuerzo sin fin de la modernidad.

CAPÍTULO 3: EL ESPEJISMO DE LA PRODUCTIVIDAD: EL SÍNDROME DE LA VIDA OCUPADA Y LA BÚSQUEDA DEL ÉXITO FICTICIO.

"Perseguir productividad sin propósito es correr en círculos: mucha energía, ningún destino." — José Tadeo

En este capítulo, nos adentraremos en la complejidad de **"El Síndrome de la vida ocupada"**: una condición que ha sido denominada como tal debido a su sencillez y facilidad de comprensión. En ella, las personas se encuentran atrapadas en un ciclo interminable de mantenerse ocupados, sin un propósito claro o significativo. Prefieren llenar sus agendas con tareas triviales para cumplir con las expectativas sociales del éxito. La idea de estar constantemente ocupados, aunque sea superficialmente, se ha convertido en un estándar de éxito, incluso si las actividades carecen de valor real. Es como si el mero hecho de tener una agenda repleta fuera señal de prosperidad y realización personal. Sin embargo, detrás de esta fachada, muchas veces se oculta una sensación de vacío e insatisfacción. Tu conoces seguramente una de estas personas o te ves reflejada y hasta yo mismo he caído en eso y no nos debe dar pena.

La necesidad de llenar cada minuto del día con actividades sin sentido es un fenómeno cada vez más presente en la sociedad moderna. Las personas buscan constantemente reuniones y compromisos, programados por sus asistentes, que a menudo carecen de un propósito claro, todo para mantenerse ocupadas y cumplir con la idea de ser productivas. Aunque esto resulte en horarios saturados con tareas vacías, muchas prefieren esto a estar **"inactivas"**, ya que la sociedad tiende a asociar la inactividad con el fracaso. Es como si necesitáramos constantemente demostrar nuestro valor mediante la actividad constante, incluso si no nos lleva a ninguna parte.

Pero, **¿qué puede llevar a la gente a ocuparse sin sentido o, peor aún, aparentar estar ocupados?** Es como un espejismo de la ocupación; una obsesión por llenar cada espacio del día con actividades, sin cuestionar si realmente contribuyen a un propósito o a la satisfacción personal. Parece que hay un miedo al vacío, una sensación de que si no estamos ocupados constantemente, no somos productivos ni exitosos.

Quizás sea el temor a ser percibidos como inactivos o no comprometidos con el "éxito". Y cómo las redes sociales y las expectativas sociales impulsan este comportamiento; mostrar una vida agitada en línea como una forma de validación, sin importar si esa ocupación tiene un valor real.

Es fácil caer en la trampa de buscar la validación de otros a través de la "productividad" vacía, mientras se ignora el propósito profundo detrás de nuestras actividades. Las mismas redes sociales que nos bombardean con imágenes y mensajes engañosos sobre alcanzar la grandeza también pueden perpetuar esta falsa idea de ocupación y éxito vacíos.

El ritmo frenético y obsesivo de la sociedad moderna ha tomado un control inescapable sobre nuestras mentes, dejando poco espacio para la verdadera paz mental y la productividad. **"El síndrome de la vida ocupada"** se ha convertido en una forma de esclavitud social, un símbolo de estatus y valor personal que impulsa a las personas a estar constantemente ocupadas, incluso sin un propósito claro. Esta obsesión por estar siempre activos, inicialmente percibida como una respuesta productiva y dinámica a las demandas del mundo actual, se ha transformado en un ciclo agotador de trabajo interminable que no solo afecta nuestra paz mental, sino también nuestra verdadera capacidad de ser productivos. Necesitamos tomar conciencia de cómo esta cultura de estar ocupados puede conducirnos a una vida vacía y desprovista de sentido, en lugar de llevarnos a lograr nuestras metas y sueños más profundos

En su obra **"The Way We're Working Isn't Working", Tony Schwartz** desafía la creencia generalizada de que trabajar sin descanso es esencial para el éxito y la productividad. Según él, nuestra sociedad está obsesionada con la idea de estar ocupados constantemente, pero este enfoque no solo nos agota emocional y físicamente, sino que también limita nuestra verdadera capacidad de ser productivos. La llamada "cultura del rendimiento" nos ha llevado a creer que nuestro valor se basa en cuánto trabajo hacemos y qué logros obtenemos, en lugar de enfocarnos en nuestro bienestar personal y en renovar nuestras energías. Schwartz describe esto como un ciclo de **"agotamiento energético"**, donde nos vemos atrapados en una dinámica interminable de trabajo y consumo, sin tiempo para descansar o recargarnos.

Según **Schwartz,** es mi interpretación clara; al centrarnos únicamente en las exigencias externas del trabajo, dejamos de lado nuestras reservas internas de energía emocional y cognitiva. El resultado es lo que él llama el "síndrome de la vida ocupada", donde el vacío emocional generado por la falta de equilibrio y renovación afecta negativamente nuestra productividad y sentido de propósito. Al caer en la trampa de una vida ocupada pero vacía, perdemos de vista lo que realmente importa y sacrificamos nuestra productividad por una lista interminable de tareas sin significado ni propósito.

La obsesión moderna con estar constantemente ocupado y productivo ha transformado a muchas personas en meros esclavos del reloj, de la búsqueda del éxito y del estatus social. Según Schwartz, esta sobrecarga de trabajo no solo limita en nuestra capacidad para ser creativos y eficientes, sino que también nos impide disfrutar plenamente de la vida. Nos encontramos atrapados en un ciclo agotador y constante de ocupación que nos hace desconectarnos de nosotros mismos, nuestras familias y nuestras comunidades. En lugar de trabajar con un propósito claro y un equilibrio saludable, nos vemos arrastrados a un sistema donde ser "ocupado" se convierte en una meta en sí misma.

Pero además de afectar negativamente nuestra calidad de vida, este enfoque incesante de la productividad tiene graves consecuencias para nuestra salud mental y física. Las personas que sufren del llamado **"El síndrome de la vida ocupada"** suelen experimentar altos niveles de estrés, ansiedad y agotamiento. El deseo de llenar cada momento con actividad y trabajo puede crear una falsa sensación de progreso, pero lo que realmente ocurre es un deterioro en nuestra salud emocional, nuestras relaciones personales y nuestra felicidad en general. Es por eso que muchos han llegado a llamar a esta sobrecarga laboral una forma moderna de esclavitud, donde estamos tan atrapados en el ciclo de la productividad que ni siquiera tenemos tiempo o energía para cuestionar si lo que estamos haciendo realmente tiene algún valor verdadero.

"El síndrome de la vida ocupada" es una pesada carga que conlleva graves consecuencias. Se ha convertido en una trampa social que nos obliga a seguir un modelo de vida despiadado y frenético, uno que no solo es insostenible, sino que también nos aleja de lo que realmente define una vida plena; la conexión con nuestro propósito, el disfrute del presente y el equilibrio emocional. A través de esta obsesión por "hacer más" y "ser más", la sociedad nos ha condicionado a asociar el trabajo constante con el éxito personal. Sin embargo, como bien enfatiza Schwartz, este enfoque no solo no nos lleva al verdadero éxito, sino que también nos priva de la capacidad de vivir con plenitud y satisfacción. Esta vorágine vertiginosa en la que estamos inmersos nos agota física y mentalmente, impidiéndonos apreciar los pequeños momentos y regalos de la vida cotidiana. Nos hemos vuelto adictos al estrés y a la productividad constante, olvidando las cosas simples que nos traen felicidad y significado verdadero.

El ritmo frenético que parece todo una locura de la vida moderna nos ha impuesto un **"El síndrome de la vida ocupada"**, una presión constante para estar siempre haciendo algo, siempre trabajando. Pero esta forma de vivir no es sostenible ni saludable a largo plazo. Nos hemos perdido en una carrera hacia ninguna parte, creyendo que nuestra productividad se mide por la cantidad de trabajo que realizamos, en lugar de centrarnos en su calidad y propósito, pero que piensa tu realmente? , eso es lo importante , no como te ve el resto de las personas, somos humanos y podemos fallar.

La verdadera solución no está en trabajar

más horas o llenar nuestras agendas con tareas superficiales, sino en encontrar un equilibrio entre el hacer y el ser. El experto Tony Schwartz nos invita a renovar nuestra energía, desconectarnos del trabajo y reconectar con nuestras necesidades más profundas para ser realmente efectivos, felices y saludables.

Es crucial que aprendamos a valorar nuestro tiempo, priorizar lo que realmente importa y encontrar un propósito genuino en cada tarea que asumimos. Solo así podremos escapar de la trampa de la productividad vacía y vivir en armonía con lo que realmente nos define como seres humanos; nuestra capacidad para conectarnos, reflexionar y disfrutar de la vida.

Esta esclavitud moderna del **"síndrome de la vida ocupada"** es una evolución de la cultura de ocupación constante que nos ha desconectado de nuestras necesidades emocionales y espirituales. No está ligada a la opresión física o política, pero sí a la sobrecarga de trabajo y la falta de conexión con nosotros mismos.

En un mundo donde la apariencia, el estatus y la ocupación constante parecen ser los mayores indicadores de éxito, surge una historia que desafía todas las expectativas. La inesperada victoria de Deff Young en la Carrera de Melbourne ofrece una reflexión profunda sobre lo que realmente importa en la vida. Un relato que, a primera vista, podría parecer improbable, se convierte en un testimonio de perseverancia y una lección sobre la importancia de encontrar propósito en lugar de seguir ciegamente las expectativas de los demás.

Deff Young no es un nombre conocido en las grandes ligas del deporte, ni fue un competidor de alto perfil que hubiera seguido el típico camino hacia la fama y el éxito en las competiciones de élite. Su presencia en la carrera era tan inesperada como refrescante. Mientras los demás atletas lucían sus uniformes de vanguardia con marcas lujosas y una actitud arrogante, Deff aparecía con ropa simple, como la de un cuidador tradicional de ovejas. Sus ropas humildes delataban su conexión con la naturaleza y su dedicación al propósito personal, algo que lo diferenciaba del resto de los competidores. A pesar de estar rodeado por aquellos que se sentían destinados a ganar, Deff irradiaba una confianza tranquila, fruto del conocimiento interior sobre su verdadero objetivo en la carrera.

En esta era moderna, la constante obsesión con el trabajo y la búsqueda de reconocimiento nos ha sumergido en un estado de **"espejismo de productividad"**. Las personas están atrapadas en una carrera sin rumbo, tratando desesperadamente de llenar su tiempo con actividades que les den validación ante los ojos de los demás, sin considerar si esas actividades realmente les brindan satisfacción o propósito. El "síndrome de la vida ocupada" es una competencia interminable donde el único objetivo parece ser estar constantemente ocupado, sin tomarse el tiempo para reflexionar sobre lo que realmente aporta valor a nuestras vidas.

Pero la historia de Deff Young contradice completamente esta mentalidad. Mientras sus competidores en la carrera de Melbourne se consumían por el miedo al fracaso y la necesidad de sobresalir, Deff no se preocupaba por la apariencia o por lo que los demás pudieran pensar de él. Su enfoque estaba completamente dedicado a su propósito, una motivación interna que no dependía del reconocimiento externo ni del éxito superficial.

La Carrera de Melbourne, conocida por su exigencia física y mental, era un evento que desafiaba a los participantes a recorrer 875 kilómetros en condiciones extremas. El camino estaba lleno de obstáculos, desde terrenos irregulares hasta temperaturas extremadamente altas y bajas, lo que requería habilidad, resistencia y concentración para superarlo. Los competidores, acostumbrados a ser los mejores en sus respectivos campos, habían llegado con la mentalidad de que solo su preparación y apariencia profesional los llevarían al éxito.

Pero a medida que avanzaba la

competencia y se enfrentaban a nuevos desafíos, muchos de ellos comenzaron a sentir los efectos del agotamiento. Se dieron cuenta de que no era suficiente sólo con ser el mejor en apariencia, sino que necesitaban una verdadera fortaleza mental para continuar. La presión externa también jugaba un papel importante, ya que todos luchaban por demostrar quién era el mejor y mantener su posición en la carrera.

La Carrera de Melbourne, conocida por su exigencia física y mental, era un evento que desafiaba a los participantes a recorrer 875 kilómetros en condiciones extremas. El camino estaba lleno de obstáculos, desde terrenos irregulares hasta temperaturas extremadamente altas y bajas, lo que requería habilidad, resistencia y concentración para superarlo. Los competidores, acostumbrados a ser los mejores en sus respectivos campos, habían llegado con la mentalidad de que solo su preparación y apariencia profesional los llevarían al éxito.

Pero a medida que avanzaba la competencia y se enfrentaban a nuevos desafíos, muchos de ellos comenzaron a sentir los efectos del agotamiento. Se dieron cuenta de que no era suficiente sólo con ser el mejor en apariencia, sino que necesitaban una verdadera fortaleza mental para continuar. La presión externa también jugaba un papel importante, ya que todos luchaban por demostrar quién era el mejor y mantener su posición en la carrera.

Sin embargo, entre toda esta atmósfera de competencia frenética, apareció Deff Young. Un hombre cuya motivación no era impresionar ni seguir los estándares de los demás, sino completar la carrera con integridad y propósito. Mientras que los demás luchaban por mantener sus apariencias y posiciones, Deff se mantenía enfocado en lo que realmente importaba: terminar la carrera con éxito y sin sacrificar sus valores personales. Su enfoque tranquilo y humilde le permitió no sólo resistir el agotamiento físico, sino encontrar el ritmo necesario para alcanzar su objetivo final. Un secreto importante fue avanzar día y noche , lo cual estaba en las reglas y a un paso firme y constante mientras los otros dormían.

La historia de Deff Young nos recuerda que el verdadero éxito no se mide por la opinión de los demás ni por lo ocupados que estemos, sino por el propósito con el que vivimos nuestras vidas. En un mundo donde la apariencia y el rendimiento parecen ser los principales indicadores de éxito, Deff demuestra que a veces la humildad, la dedicación y la paciencia nos llevan más lejos que cualquier esfuerzo frenético por alcanzar el estatus o el reconocimiento social. Este relato es una metáfora perfecta para el síndrome de la vida ocupada, donde la presión por estar siempre ocupado y llenar nuestros horarios con actividades que nos den prestigio y aprobación nos impide encontrar lo que realmente nos da paz y propósito en la vida. Al igual que Deff, todos podemos aprender a ralentizar, enfocarnos en lo que realmente importa y vivir con propósito, sin preocuparnos por las expectativas de los demás. Este capítulo ilustra vívidamente cómo la mentalidad del síndrome de la vida ocupada puede cegarnos ante lo verdaderamente importante, mientras que una vida vivida con humildad y propósito, al estilo de **Deff Young**, tiene el poder de superar las expectativas superficiales y alcanzar logros inesperados.

Maurice Merleau-Ponty, uno de los filósofos más influyentes en el campo de la fenomenología, tenía una visión profunda sobre cómo percibimos el mundo y cómo esa percepción es intrincadamente entrelazada con nuestra relación con el mundo mismo. En sus escritos, Merleau-Ponty sostiene que la percepción no es un mero acto pasivo, sino activo y relacionado con nuestro cuerpo. Para él, la forma en que experimentamos el mundo está mediada por nuestras relaciones personales, nuestra historia y nuestro contexto.

Merleau-Ponty, filósofo francés, reflexionaba sobre la percepción como una construcción activa de la realidad. Su argumento se basaba en que el mundo está abarrotado de estímulos, pero nuestra mente selecciona cuidadosamente lo que es relevante y significativo para nosotros en un momento determinado. No somos meros observadores pasivos del mundo frente a nosotros, sino que somos creadores activos de nuestra propia versión subjetiva de la realidad. Esto significa que no vemos todo lo que nos rodea, sino que percibimos selectivamente aquellos aspectos que consideramos valiosos en ese instante; esos que se conectan con nuestras experiencias pasadas, necesidades presentes y expectativas futuras. En términos simples, nuestra mente actúa como un filtro personalizado que nos permite enfocarnos en lo verdaderamente importante, aquello que nos conecta más profundamente con nuestra existencia y nuestra interpretación del mundo.

Este concepto se conoce como **Percepción Selectiva** y puede ser explicado mediante la idea de que nuestra percepción está sesgada por nuestras preocupaciones, deseos y objetivos. Solo aquellas cosas relacionadas con ellos se vuelven "visibles" para nosotros. Merleau-Ponty señala que no percibimos todo lo que existe, sino solo lo que está conectado con nuestras necesidades inmediatas y nuestra experiencia vital. Este proceso de selección no es consciente, sino más bien instintivo y arraigado en la forma en que interactuamos con el mundo, proporcionando así una perspectiva única sobre la vida: lo que él llama "la fenomenología de la percepción".

¿POR QUÉ PERCIBIMOS COSAS TRIVIALES COMO IMPORTANTES?

Merleau-Ponty podría argumentar que la razón por la que percibimos cosas triviales como las más importantes radica en cómo **nuestros mapas mentales** se han moldeado a lo largo del tiempo. Las preocupaciones sociales, la presión externa para ser productivos o exitosos, y nuestras propias inseguridades pueden distorsionar nuestras percepciones y hacernos enfocarnos en lo superficial, en lo que se espera de nosotros o en lo que otros valoran.

Este fenómeno puede ser el origen de muchos de los problemas relacionados con el **"síndrome de la vida ocupada"**, en el que las personas, atrapadas en el miedo a no ser percibidas como exitosas, terminan enfocándose en tareas triviales o vacías que solo contribuyen a aumentar la sensación de agobio y desconexión con lo verdaderamente importante.

La trivialidad y la desconexión, son la Trampa, ya centrarse en lo trivial, como el estar ocupado todo el tiempo, las personas pierden la oportunidad de conectar con las experiencias más significativas que la vida tiene para ofrecer. Merleau-Ponty sugeriría que, al no cuestionar cómo estamos percibiendo las cosas o qué estamos eligiendo ver en el mundo, nos desconectamos de lo que verdaderamente nos importa. Esto nos lleva a una especie de "ceguera fenomenológica", donde nuestras percepciones están tan distorsionadas por las presiones sociales o internas que no podemos ver las oportunidades reales de crecimiento y satisfacción.

En un mundo que valora la productividad y el éxito material sobre todo lo demás, a menudo buscamos ocupaciones vacías para sentirnos valiosos o exitosos. Sin embargo, esta búsqueda puede ser en detrimento de lo que realmente importa en nuestras vidas; la conexión auténtica, el propósito personal y la verdadera paz interior.

El filósofo francés **Merleau-Ponty** nos invita a cuestionar por qué elegimos percibir ciertas cosas como esenciales cuando en realidad nos pueden alejar de lo que verdaderamente importa. Nuestras percepciones son como mapas mentales que construyen nuestra realidad, pero ¿por qué elegimos enfocarnos en ciertas cosas y no en otras? La verdadera riqueza de la vida no se encuentra en la sobrecarga de trabajo y la productividad vacía, sino en la capacidad de cambiar nuestro enfoque hacia lo que es significativo para nuestro bienestar y crecimiento personal. Esto requiere un reajuste de nuestra percepción y liberarnos de las influencias externas que distorsionan nuestra capacidad para ver lo bueno que el mundo tiene para ofrecernos.

Según **Merleau-Ponty**, debemos ser conscientes de cómo nuestra percepción selectiva construye nuestra realidad y responsabilizarnos de dirigir ese filtro hacia lo que realmente nos enriquece, en lugar de caer en la trampa de lo trivial.

Entonces vale la pena seguir atrapado en la trivialidad de la productividad, o surge algo mas espiritual y que verdaderamente te alimente para tener un propósito, o simplemente debemos conformarnos con las trivialidades, el cansancio y peor aún el deterioro de nuestra salud por razones del **"síndrome de la vida ocupada"**.

Es indudable que el síndrome de la vida ocupada no solo afecta nuestra paz mental, sino que también causa un impacto directo y perjudicial en nuestra salud física. El estrés crónico, alimentado por la constante búsqueda de productividad y validación, desencadena una serie de reacciones químicas en nuestro cuerpo que pueden causar daños significativos a largo plazo. En este contexto, podemos explorar cómo este ciclo de estrés está relacionado con la búsqueda incesante de dopamina y el aumento del cortisol, dos hormonas cruciales para nuestra salud y bienestar. La adrenalina fluye, los nervios se tensan y la mente corre sin descanso en busca de satisfacción y logros. Todo esto puede contribuir a un estado de agotamiento mental y físico, llevando al cuerpo a un punto crítico de fatiga y vulnerabilidad.

En la sociedad moderna, el éxito se mide

por la constante ocupación y productividad. Sin embargo, esta forma de vida ha llevado a muchas personas a vivir bajo un estrés continuo. Este estrés no solo afecta nuestras emociones, sino que también tiene un impacto directo en nuestro bienestar físico y mental. En el corazón de este problema se encuentran dos hormonas centrales: la dopamina y el cortisol.

La búsqueda constante de recompensa inmediata nos hace dependientes de la dopamina, también conocida como la **"hormona del placer"**. Nuestro cerebro libera esta sustancia química cuando realizamos actividades que nos producen satisfacción o alegría, como recibir un "like" en las redes sociales, cumplir con una tarea o recibir elogios. Sin embargo, en una sociedad obsesionada con el rendimiento y la validación externa, esta búsqueda constante de dopamina puede convertirse en una adicción. Esto nos lleva a buscar constantemente más actividades, tareas y logros para sentirnos satisfechos, sin pararnos a pensar si realmente contribuyen a nuestro bienestar o propósito.

El ciclo interminable de recompensa y satisfacción inmediata refuerza esta sensación de necesidad constante de estar ocupados todo el tiempo, incluso si no es realmente productivo o beneficioso para nosotros en términos de salud y felicidad a largo plazo.

El Cortisol, también conocido como la **"Hormona del Estrés"**, es La Respuesta al Estrés Crónico. Cuando el cuerpo se encuentra bajo estrés constante, comienza a liberar esta hormona en grandes cantidades. Se sabe que el cortisol es vital en situaciones de emergencia o cuando necesitamos estar alerta ante peligros inminentes. Sin embargo, en casos de estrés crónico, como sucede con aquellas personas atrapadas en el síndrome de la vida ocupada, esta hormona puede tener efectos devastadores para la salud física y mental. Como una lluvia torrencial, el cortisol invade el cuerpo y causa estragos en todos los sistemas, debilitando las defensas del organismo y dejándolo vulnerable a enfermedades y trastornos.

El cortisol, también conocido como la hormona del estrés, es un mecanismo de supervivencia natural diseñado para ayudarnos a enfrentar situaciones estresantes. Sin embargo, cuando se mantiene elevado durante períodos prolongados, puede tener efectos negativos en nuestro cuerpo y nuestra mente. Debilita el sistema inmunológico, aumenta la inflamación y puede dañar las células y tejidos del organismo. Este círculo vicioso se alimenta a sí mismo: mientras más nos sentimos presionados para estar ocupados y lograr más, más cortisol se libera, lo que a su vez aumenta nuestro estrés y afecta nuestra salud física y emocional de manera significativa.

La salud es un preciado tesoro que puede verse afectado gravemente por el estrés crónico y el aumento del cortisol en el cuerpo. Estas sustancias están directamente relacionadas con una variedad de enfermedades, tanto físicas como mentales, que incluyen problemas cardíacos, trastornos digestivos, depresión y ansiedad, enfermedades autoinmunes y trastornos del sueño.

El corazón, órgano vital para la vida, sufre las consecuencias del estrés constante al aumentar la presión arterial y someterse a una tensión constante. Esto eleva significativamente el riesgo de enfermedades cardiovasculares y pone en peligro la salud de la persona.

El sistema digestivo también se ve afectado por el estrés crónico, causando trastornos como el síndrome del intestino irritable (SII), acidez estomacal y otros problemas digestivos. La inflamación causada por el cortisol alto puede dañar los neurotransmisores responsables de regular el estado de ánimo, lo que contribuye a trastornos como la depresión y la ansiedad.

Además, el estrés prolongado puede desencadenar enfermedades autoinmunes al aumentar la inflamación y hacer que el sistema inmunológico ataque a células sanas del cuerpo. Esto puede tener graves consecuencias para la salud y disminuir significativamente la calidad de vida de una persona.

Otro efecto negativo del cortisol alto es su relación con trastornos del sueño. Las personas atrapadas en un ciclo constante de estrés pueden experimentar dificultades para dormir debido a niveles elevados de esta hormona en su cuerpo. Esto no solo afecta su salud física, sino también su bienestar mental.

La combinación del estrés crónico y la búsqueda constante de satisfacción inmediata mediante el aumento de la dopamina, crea una trampa peligrosa para la salud. Este ciclo interminable alimenta el síndrome de la vida ocupada y puede tener consecuencias graves a largo plazo en la salud física y mental de las personas afectadas por él.

Hay que hablar además que puedes caer en las garras del **BURNOUT** que no es solo estar cansado; es sentir que cada esfuerzo es inútil y que tu energía emocional y física se ha agotado por completo. Estudios recientes muestran que el 77% de los trabajadores en el mundo experimentan síntomas de agotamiento crónico derivados de largas jornadas laborales, multitasking constante y presión continua por ser productivos. En esta cultura de productividad extrema, hemos normalizado el estrés hasta convertirlo en una rutina peligrosa, desconectándonos lentamente del disfrute y significado de nuestras vidas.

La Organización Mundial de la Salud ha declarado oficialmente **el burnout** como un síndrome laboral caracterizado por agotamiento emocional, desapego profesional y sensación constante de baja realización personal. Vivimos bajo la ilusión de que más horas de trabajo significan más éxito, pero la ciencia demuestra exactamente lo contrario: las personas agotadas pierden creatividad, son menos efectivas y experimentan problemas de salud física y mental que reducen considerablemente su calidad de vida y rendimiento laboral. Es urgente redefinir nuestra relación con el trabajo y priorizar el propósito por encima de la productividad sin sentido.

CAPÍTULO 4: EL SÍNDROME DE LA GENERACIÓN DE CRISTAL: LA INFORMACIÓN EXCESIVA Y LA PARÁLISIS DEL PROPÓSITO.

"En una era de sobrecarga informativa, la verdadera libertad está en elegir qué ignorar." — Zygmunt Bauman

En la era digital, nos encontramos atrapados en una paradoja peligrosa. Estamos rodeados de un mar de información que fluye constantemente, pero en lugar de ser un recurso valioso que nos permite crecer y desarrollarnos con propósito, esta sobrecarga informativa nos ha llevado a una **"parálisis del propósito"**. La capacidad de analizar y filtrar la información para encontrar lo que realmente importa se ha visto sustituida por un bombardeo interminable de estímulos que nos confunde y nos aleja de lo esencial: claridad, reflexión y dirección.

Este fenómeno no es algo nuevo. Si miramos hacia atrás y consideramos las ideas de dos pensadores clave, **George Orwell y Aldous Huxley**, podemos entender cómo tanto la represión de la información como el exceso de ella pueden llevarnos hacia un tipo de control social similar al que vemos en gobiernos autoritarios de izquierda y regímenes totalitarios modernos. En la actualidad, lo que antes se asociaba con la censura y la supresión de la verdad ahora se manifiesta en una avalancha abrumadora de información que nos distrae y nos somete a la pasividad constante.

En su clásica novela **"1984"**, **George Orwell** plantea una preocupación profunda por la represión de la información en una sociedad futurista. En este mundo distópico, el Estado tiene un control férreo sobre toda forma de conocimiento y verdad. La censura es una práctica común, el "doble pensamiento" es una herramienta para manipular las mentes de la población y los hechos son distorsionados sin piedad para mantener a la sociedad en un estado de sumisión total. La verdad se convierte en un artículo escaso y valioso, reservado solo para aquellos en el poder, mientras que los ciudadanos son mantenidos en la ignorancia y no se les permite cuestionar ni siquiera las cosas más básicas del sistema. Todo esto muestra la amenazante realidad de vivir bajo una tiranía donde la información es restringida y la libertad de pensamiento es eliminada

Para Orwell, el peligro no era solo la censura explícita, sino la manipulación de la información para que las personas creyeran que vivían en una realidad determinada, mientras que se les ocultaba la verdad. **La represión de los libros, las ideas y las discusiones** se convierte en un mecanismo para evitar que las personas se cuestionen o busquen un propósito genuino. En la realidad política contemporánea, podemos ver cómo los gobiernos autoritarios, ya sean de izquierda o de derecha, intentan controlar la narrativa e imponer una versión del mundo que se ajuste a sus intereses, a menudo eliminando las fuentes de información que cuestionan su poder.

Huxley y su preocupación por el exceso de información; como un profeta del futuro, **Aldous Huxley en su obra "Un Mundo Feliz"** ofrece una perspectiva diferente sobre el control social. Su inquietud no radica tanto en la represión de información, sino en el exceso de información trivial que, lejos de empoderar a las personas, las vuelve más pasivas, distraídas y controladas. En su distopía, las personas están tan absortas en los placeres superficiales y las distracciones proporcionadas por una sociedad consumista y hedonista que pierden de vista los aspectos más profundos y significativos de la vida. Si bien tienen acceso ilimitado a información, esta no es procesada de manera crítica, sino que se presenta como simple entretenimiento, distracción y consumo.

Huxley ya anticipa cómo la sobrecarga de información en la era digital podría dar lugar a un fenómeno donde las personas, en lugar de analizar e introspectar, se sumirán en un consumo superficial y banal de contenido. Este exceso de datos, que parece otorgarnos poder, en realidad nos paraliza al impedirnos enfocarnos en lo que verdaderamente importa: nuestro propósito, nuestras relaciones y nuestro bienestar.

El exceso de información y la parálisis del propósito son una realidad en estos tiempos modernos vivimos en un mundo saturado de información. Las redes sociales, los medios de comunicación, los anuncios, las aplicaciones y el constante flujo de datos nos bombardean con noticias, opiniones y distracciones sin descanso. Esta avalancha masiva no solo dificulta nuestra capacidad para discernir lo importante de lo trivial, sino que también contribuye a la parálisis del propósito. En lugar de tener la claridad mental necesaria para tomar decisiones significativas, las personas se sienten abrumadas por la abrumadora cantidad de opciones y opiniones disponibles. La reflexión profunda y el enfoque en lo que realmente importa se ven reemplazados por una necesidad constante de consumir más, de estar al tanto de todo, sin tiempo para la introspección.

La Búsqueda de Dopamina y el Control de los Placeres se ha incrustado profundamente en la Sociedad moderna, como ya hemos discutido en capítulos anteriores. La constante necesidad de dopamina, que se desencadena a través de recompensas inmediatas, está directamente vinculada al exceso de información. Cada "like", cada mensaje y cada notificación provoca una liberación instantánea de dopamina que alimenta nuestra sed de validación y placer. Este ciclo interminable de búsqueda continua de gratificación inmediata genera una mentalidad en la que las personas priorizan el placer superficial y momentáneo sobre un propósito a largo plazo.

El resultado de este comportamiento es una desconexión con lo auténtico. Al estar constantemente sumergidos en el consumo de información trivial y buscando validación externa, las personas pierden la capacidad de cuestionar lo que realmente les brinda valor y significado. En lugar de enfocarse en lo esencial, se distraen con banalidades, mientras que la verdad y el propósito se ahogan en un mar tumultuoso de ruido y distracción.

La vorágine de información en la que están inmersas las personas las convierte en esclavas de sus propios deseos y de las expectativas sociales impuestas sobre ellos. Se les dice que deben estar al tanto de todo, ser productivos en todo momento y seguir el ritmo frenético de la vida digital. Lo que debería ser una herramienta liberadora se convierte en un medio de control. Al mantenernos ocupados y distraídos, los sistemas de poder como los gobiernos, las corporaciones y las plataformas digitales pueden operar sin ser cuestionados, ya que la gente está demasiado preocupada por el consumo constante de datos para detenerse y reflexionar sobre lo que realmente importa.

En este capítulo, hemos explorado cómo la sobrecarga de información, combinada con la búsqueda desesperada de validación externa, alimenta la parálisis del propósito. Mientras que Orwell advirtió sobre la represión de la información como una forma de control social, Huxley nos ofreció una visión más relevante para nuestra era digital: el exceso abrumador de información trivial que nos impide reflexionar o actuar críticamente, alejándonos así de nuestro verdadero propósito. En lugar de guiarnos hacia una vida significativa, esta sobrecarga nos controla y nos mantiene atrapados en un ciclo interminable de consumo compulsivo de datos y búsqueda superficial de aprobación.

Es fundamental aprender a filtrar la información que consumimos, a priorizar lo que realmente tiene valor y a desconectarnos del afán constante por obtener dopamina que nos aleja aún más de nuestro propósito auténtico en la vida. Este enfoque combina las preocupaciones de Orwell y Huxley sobre la información y el control, y nos invita a reflexionar sobre cómo podemos escapar de la parálisis que nos impide vivir con propósito.

CAPÍTULO 5: EL REGRESO A LO SIMPLE: CONECTAR CON EL PROPÓSITO Y LA PAZ INTERIOR.

"Simplicidad no significa carencia, sino hacer espacio para lo esencial en tu vida." — José Tadeo

Para entender cómo podemos alcanzar un estado de paz interior y conectarnos con nuestro propósito, debemos primero considerar un principio fundamental de la **filosofía hegeliana**. Según **Georg Wilhelm Friedrich Hegel**, el **conflicto es necesario para la evolución**. Hegel creía que el progreso se genera a través de un **pendular movimiento** entre **extremos opuestos**, un proceso que se conoce como **dialéctica**. Este principio se aplica tanto a la historia como a las ideas, y es el motor de la evolución del pensamiento y la sociedad. La dialéctica se expresa a través de la relación entre **tesis** y **antítesis**, dos ideas opuestas que entran en conflicto. A partir de ese conflicto, surge una **síntesis**, una nueva idea que integra lo mejor de ambos extremos. Esta síntesis, a su vez, se convierte en una nueva tesis, y el proceso se repite. Por lo tanto si los extremos se cree que no puede evolucionar la raza humana, pero hay que entender y estar conscientes de que pueden alterar nuestra percepción.

Al sumergirnos en la literatura de **Orwell y Huxley,** nos encontramos frente a frente con un reflejo directo del conflicto que enfrenta nuestra sociedad moderna; el control de la información. A pesar de tener perspectivas completamente opuestas, ambos autores abordan temas relacionados con la censura y el exceso de información. Por un lado, Orwell temía la represión por parte de gobiernos autoritarios, mientras que Huxley advertía sobre los peligros de una sobrecarga informativa sin restricciones.

Esta tensión entre dos polos opuestos genera reacciones que atrapan a la sociedad en su espiral, y es precisamente en esta lucha donde debemos encontrar nuestro equilibrio y propósito, como si fuera una dialéctica hegeliana que crea una síntesis intermedia.

H**egel** defendía la idea de que el progreso del mundo (ya sea en términos filosóficos o sociales) no ocurre de manera lineal, sino a través de un constante movimiento entre extremos. Este concepto se refleja perfectamente en la evolución de las ideas y en los eventos históricos, como vimos en las obras de Orwell y Huxley. A pesar de abordar el tema del control y la libertad desde perspectivas totalmente diferentes, ambos autores nos muestran cómo la lucha entre opuestos (como censura vs. exceso de información, control autoritario vs. libertad de pensamiento) puede generar nuevas formas de pensar y eventualmente conducir a soluciones para los problemas sociales.

Lo que **Hegel** nos enseña es que, a través de la tensión entre ideas opuestas, el mundo no sólo cambia, sino también evoluciona. Esta evolución no ocurre en un vacío, sino en un espacio dinámico donde las ideas, los conflictos y las resoluciones están constantemente interactuando y transformándose.

El constante conflicto interno puede sentirse como una pesada carga sobre nuestros hombros, especialmente cuando nos encontramos atrapados en el vertiginoso ritmo de la vida moderna o buscando desesperadamente validación en el exterior. El constante vaivén entre estos extremos genera un agotador caos que abruma nuestras mentes y cuerpos. Sin embargo, es en los momentos de pausa reflexiva y búsqueda del equilibrio donde podemos encontrar verdadero propósito y paz interior. Como una brisa fresca en medio de una tormenta, estas pequeñas pero poderosas acciones pueden aportar calma y claridad a nuestras vidas tumultuosas.

En este momento, quiero presentar un concepto filosófico que nos ofrece una solución valiosa. Los estoicos, especialmente figuras como Epicteto y Séneca, enseñaron que la verdadera paz interior no proviene de la ausencia de caos, sino de nuestra capacidad para elegir cómo responder al caos. Para los estoicos, alcanzar la **ataraxia** (un estado de tranquilidad emocional) es la clave para vivir una vida plena. Esta paz no es un refugio escapista de la realidad, sino una calma profunda que nace desde dentro, fruto de una mente disciplinada capaz de enfrentar desafíos sin dejarse arrastrar por emociones destructivas o circunstancias externas.

El **"regreso a lo simple"**, como nos sugieren los estoicos, implica no solo liberarnos del exceso de información, sino también de la presión constante de obtener validación externa. La sociedad moderna nos ha enseñado que debemos ser productivos, exitosos y estar siempre ocupados para ser considerados valiosos. Sin embargo, el verdadero propósito y la verdadera paz interior surgen cuando elegimos priorizar la serenidad, reflexionando sobre lo que realmente importa y actuando con sabiduría y autodisciplina

En lugar de buscar afanosamente fuera de nosotros la respuesta al caos interno que nos consume, podemos encontrar la paz mediante profunda reflexión interna y el desapego. Elegir la paz no significa ignorar el conflicto o los desafíos que se presentan ante nosotros, sino aprender a navegar con gracia y sabiduría a través de ellos, manteniendo una mente clara y enfocada en lo esencial. Al igual que los estoicos nos enseñaron, la paz interna surge cuando dejamos ir la necesidad obsesiva de controlar todo lo que sucede a nuestro alrededor y, en su lugar, nos enfocamos en controlar nuestra propia respuesta ante lo que está fuera de nuestro alcance divino.

Al adoptar el enfoque de los estoicos, podemos conectar con un propósito más profundo. Al hacerlo, no solo buscamos una vida de tranquilidad, sino una vida en la que nuestro propósito y nuestra paz no dependan de las circunstancias externas, sino de cómo elegimos vivir internamente. Esto no solo es el camino hacia la serenidad, sino también hacia una sensación de plenitud, como si finalmente hubiéramos alcanzado el equilibrio y la armonía en nuestras vidas. Una productividad verdadera, alineada con nuestro ser más auténtico y no con las expectativas externas, se convierte en el resultado natural de esta conexión con nuestro propósito interno. En lugar de estar impulsados por metas superficiales o presiones externas, somos guiados por una fuente interna de motivación y claridad que nos lleva a un estado de verdadero bienestar

El camino hacia una vida más significativa se desvela ante nosotros cuando aprendemos a simplificar nuestras vidas y priorizar lo que realmente importa. Es necesario soltar todo aquello que no contribuye a nuestro verdadero propósito para alcanzar la verdadera paz interior. Al enfocarnos en este objetivo, podemos avanzar hacia una existencia más conectada y llena de significado, sin que la constante necesidad de validación o la presión de la vida moderna nos arrebaten lo que realmente es importante.

En las profundidades de la filosofía antigua, se encuentra una búsqueda constante por encontrar equilibrio y armonía entre los extremos. Como describe Hegel, el conflicto entre opuestos parece ser un camino hacia la paz interior y la filosofía estoica nos enseña cómo simplificar nuestras vidas para alejarnos del caos y encontrar esa tranquilidad tan deseada. Nos invita a reflexionar sobre nuestros propósitos y cómo podemos alcanzarlos de una manera más auténtica y significativa al encontrar balance en medio de nuestro caótico mundo. El objetivo final es lograr un equilibrio entre nuestras metas personales y nuestras responsabilidades externas, para así vivir una vida plena y satisfactoria que esté en sintonía con nuestro verdadero ser.

Atrapado en la dialéctica del ajetreo constante, continúas trabajando sin sentido ni propósito. Quizás te encuentres en Estados Unidos, ganando $22 o lo que paguen minimamente aceptable en el momento por hora y trabajando doce horas diarias, pero para ti la vida se reduce a esos Doscientos sesenta y cuatro dólares diarios que recibes a cambio. Pero ¿qué pasaría si te dieran un dado y pudieras lanzar tantas veces como quisieras? Imagina que ese dado representa tu propósito en la vida, lo que realmente te hace sentir satisfecho. Al lanzarlo, si sacas un seis, podrías obtener una cantidad enorme de éxito y fortuna. Sin embargo, incluso si no sacaras el número deseado, seguirías siendo feliz porque estás alineado con tu propósito. Y además, sabes que si sigues lanzando el dado, eventualmente obtendrás el premio mayor. Ahora quizás pienses que no tienes ese dado mágico en tu posesión, pero permíteme decirte algo; ese dado existe y está esperando ser encontrado por ti más adelante. Te diré exactamente dónde puedes encontrarlo y tu siempre lo has sabido ya que naces con un plan de vida.

CAPÍTULO 6: EMPRESAS CON PROPÓSITO, EQUIPOS CON ENERGÍA

"La clave del éxito no es trabajar más, sino trabajar con significado. Una empresa sin propósito es un reloj sin manecillas: sigue moviéndose, pero sin dirección."
José Tadeo

El Problema de las Metas sin Propósito

El pensamiento humano está programado para enfocarse en metas, pero sin un propósito real, el camino se convierte en una fuente de estrés en lugar de satisfacción.

Estudios de la Universidad de Harvard han demostrado que cuando una persona no tiene un propósito claro, su cerebro activa el sistema de recompensa únicamente al alcanzar una meta, liberando dopamina por un corto periodo de tiempo. Sin embargo, este efecto tiene limitaciones importantes:

- El pico de felicidad dura en promedio solo cinco minutos, según un estudio de la *University College London*.
- Después de ese breve éxtasis, el cerebro entra en un estado de vacío, activando la ansiedad por una nueva meta.
- Esta búsqueda constante de validación externa alimenta el ego y la comparación, generando agotamiento mental.
- A largo plazo, esto impacta la productividad y la salud mental de los empleados y ejecutivos.

Cuando los empleados entran en este ciclo de estrés y validación externa, nadie se beneficia:

- Ni la persona, porque la felicidad se vuelve inalcanzable.
- Ni la empresa, porque el agotamiento reduce la creatividad, la eficiencia y la lealtad al equipo.

El problema no es la ambición, sino la falta de propósito en el proceso.

Un empleado sin propósito inevitablemente entra en un ciclo de agotamiento y pérdida de creatividad. Cuando no encuentra sentido en su trabajo, su motivación se basa únicamente en alcanzar metas externas, lo que activa el sistema de recompensa del cerebro por un tiempo muy breve. Estudios de la *University College London* indican que el pico de satisfacción tras lograr una meta dura en promedio solo cinco minutos, después de los cuales el cerebro busca desesperadamente una nueva validación externa. Esta constante necesidad de logro y comparación genera estrés, ansiedad y, con el tiempo, un alto riesgo de agotamiento. La *Organización Mundial de la Salud (OMS)* ya reconoce el *burnout* como una enfermedad laboral, resultado directo de esta dinámica de productividad sin dirección. Además, estudios de *Gallup* han demostrado que los trabajadores sin propósito tienen un 37% más de probabilidades de ausentismo y una disminución del 18% en su rendimiento.

A pesar de esta evidencia, muchas empresas han priorizado sus métricas financieras y la competencia externa, perdiendo conexión con su recurso más valioso: su gente. Al centrarse únicamente en números y eficiencia, dejan de lado la inversión en la creatividad y bienestar de sus empleados, lo que a largo plazo afecta su propia rentabilidad y capacidad de innovación.

Cómo la Creatividad e Innovación Alinean a los Empleados con el Propósito Empresarial

El *Síndrome de la Vida Ocupada* no es un ataque a los sistemas empresariales, sino un llamado a que las organizaciones recurran a la creatividad e innovación para ayudar a sus empleados a encontrar propósito en su trabajo.

Los estudios muestran que todo lo que una empresa hace por su empleado regresa a la organización, ya sea en forma de productividad, compromiso o innovación. Empresas como Google, Netflix y Patagonia han demostrado que los entornos laborales con enfoque en propósito generan mejores resultados a largo plazo.

El propósito como motor de la productividad

Las empresas más exitosas no solo buscan eficiencia, sino que ayudan a sus empleados a conectar su trabajo con un propósito mayor. Estudios de Harvard Business Review muestran que los empleados que sienten que su trabajo tiene significado son hasta un 50% más productivos.

- Empresas como Google permiten a sus empleados dedicar el 20% de su tiempo a proyectos personales dentro de la empresa, lo que ha llevado a la creación de productos innovadores como Gmail y Google Maps.
- Empresas que han implementado programas de formación continua han observado incrementos significativos en sus ganancias, demostrando el retorno de inversión en el desarrollo del personal.

Cuando un empleado siente que su trabajo importa, su motivación se alinea naturalmente con los objetivos de la empresa.

Innovación y creatividad: claves para un trabajo con sentido

Hay muchas maneras de generar innovación en las empresas, pero ninguna pasa por labores repetitivas, agotadoras y sin sentido. Para fomentar un entorno de crecimiento real, las personas deben dedicar al menos un 20% de su jornada a generar ideas nuevas, mejorar procesos y crear innovaciones en productos o servicios. Si las empresas implementaran este enfoque con todos sus empleados, dejarían de competir únicamente por eficiencia y entrarían en una fase de innovación sostenible, que puede ser acelerada mediante metodologías como *Scrum* o estrategias como el *Océano Azul*.

Todos los seres humanos tienen un alto potencial creativo, pero si realizan las mismas tareas de manera rutinaria, los resultados seguirán siendo los mismos. La falta de espacios para la innovación no solo afecta la evolución de la empresa, sino que también desmotiva a los empleados y los desconecta de su propósito. Cuando las personas sienten que su trabajo no aporta valor real, su nivel de compromiso disminuye, lo que impacta directamente en la calidad y efectividad de la organización. Implementar una cultura de innovación no es solo una ventaja competitiva, sino una necesidad estratégica para empresas que buscan crecimiento y sostenibilidad en el tiempo.

En Silicon Valley, cuna de la innovación tecnológica, empresas líderes han adoptado prácticas que fomentan la creatividad y el desarrollo continuo. Metodologías como *Design Thinking* y *Agile Project Management* se utilizan para comprender mejor el mercado y promover la flexibilidad en entornos cambiantes.

Eric Ries, reconocido por desarrollar la metodología *Lean Startup*, enfatiza la importancia de la experimentación y el aprendizaje continuo en el proceso de innovación. Su enfoque se centra en construir productos mínimos viables y utilizar la retroalimentación del cliente para iterar rápidamente, reduciendo riesgos y aumentando la eficiencia en el desarrollo de nuevos productos.

Estas estrategias han sido fundamentales para que las empresas de Silicon Valley mantengan su posición de liderazgo en el mercado global, demostrando que la innovación es esencial para el crecimiento y la competitividad empresarial.

Otras empresas caen en la trampa del automatismo laboral, donde los empleados se sienten como engranajes de una máquina, sin conexión con su impacto real.

- Fomentar espacios de innovación donde los empleados puedan aportar ideas y sentirse valorados.
- Reducir la mentalidad de control excesivo y permitir autonomía en la toma de decisiones.
- Invertir en el bienestar mental y físico de los empleados, promoviendo un balance entre vida y trabajo.

Empresas como Patagonia han demostrado que permitir que los empleados trabajen en proyectos ecológicos y de impacto social aumenta su sentido de propósito y reduce la rotación de personal.

Cuando un empleado siente que su creatividad aporta algo real, se compromete con su trabajo de manera más profunda.

La trampa de la ocupación y la falta de propósito

Uno de los problemas centrales del *Síndrome de la Vida Ocupada* es la mentalidad de hiperproductividad sin dirección.

- El 85% de los empleados a nivel mundial no están comprometidos con su trabajo, según *Gallup*.
- Las empresas con culturas de propósito y bienestar tienen un 21% más de rentabilidad, según *Harvard Business Review*.

Empresas como Netflix han reemplazado la cultura de

control por una de confianza y flexibilidad, lo que ha llevado a mayor satisfacción y creatividad en el trabajo.

Un ambiente que valora la creatividad y el descanso estratégico crea empleados más motivados y alineados con la misión de la empresa.

La fe, la espiritualidad y el propósito en el trabajo

El libro no solo habla de productividad, sino también de cómo la espiritualidad y la fe ayudan a encontrar propósito en el trabajo.

- En Efesios 6:7 se nos recuerda:
"Trabajen con entusiasmo, como si lo hicieran para el Señor y no para los hombres."

Cuando una empresa ayuda a sus empleados a conectar su trabajo con un propósito mayor, despierta en ellos una motivación interna que va más allá del dinero.

Cómo lograr un enfoque empresarial basado en el propósito

Para que las empresas no caigan en el *Síndrome de la Vida Ocupada*, deben adoptar prácticas que alineen productividad con propósito.

- **Transformar la visión de productividad:** Medir el éxito no solo por horas trabajadas, sino por el impacto real del trabajo.
- **Fomentar la innovación y la creatividad:** Permitir que los empleados participen en la toma de decisiones y en la creación de nuevas ideas.
- **Promover el descanso estratégico:** Un empleado agotado no es productivo. Se ha demostrado que pausas estratégicas y flexibilidad horaria aumentan la eficiencia.
- **Incorporar valores y propósito en la cultura organizacional:**

Empresas con una misión clara y valores sólidos logran mayor lealtad y compromiso de su equipo.

Las empresas que han implementado programas de crecimiento personal y espiritualidad en el trabajo han reportado:

- 35% más de satisfacción laboral.
- 20% menos rotación de empleados.
- Aumento del 25% en creatividad e innovación.

Propósito, Creatividad y Éxito Empresarial.

Las empresas que entienden que la felicidad y el bienestar de sus empleados son clave para el éxito logran mayor productividad, menor rotación y más innovación.

"Invertir en tus empleados no es un gasto, es la mejor estrategia de crecimiento para una empresa."

En dos cuadros voy a resumir las técnicas de innovación más importantes, sus ventajas, desventajas, y su impacto directo en la organización y sus empleados. Organizaciones que implementan la innovación y resultados.

Técnica de Innovación	Ventajas Principales	Desventajas y Riesgos	Consecuencias para la Empresa si No se Implementa
Innovación Disruptiva	Genera nuevos mercados y oportunidades significativas, potencial de crecimiento exponencial y diferenciación clara frente a competidores.	Requiere alta inversión inicial, incertidumbre y resistencia interna al cambio radical.	Pérdida gradual de posición competitiva frente a nuevas empresas disruptivas. Riesgo de obsolescencia.
Innovación Incremental	Bajo riesgo, costos controlados, rápida implementación y adaptación continua al mercado.	Menos diferenciación frente a la competencia; puede generar resultados limitados a corto plazo.	Dificultad para sostener competitividad a largo plazo; posible estancamiento organizacional.
Innovación Abierta	Acceso rápido a ideas diversas, reducción de costos en I+D, aceleración del desarrollo de soluciones por colaboración externa.	Dificultad para controlar propiedad intelectual, gestión más compleja, posible filtración de información estratégica.	Pérdida de oportunidades clave de mercado, aislamiento competitivo y disminución de velocidad para adaptarse a los cambios.

Metodología Lean Startup	Permite adaptar productos al cliente rápidamente, reducción significativa de costos, aceleración de ciclos de innovación.	No aplicable fácilmente a todas las industrias, especialmente en sectores altamente regulados o tradicionales; requiere cultura flexible y abierta al error.	Lentitud en la respuesta al mercado, pérdida de flexibilidad competitiva y potencial fracaso en inversiones elevadas sin validación previa.
Estrategia Océano Azul	Generación de nuevos mercados sin competencia directa, diferenciación radical y captación de nuevos segmentos de clientes.	Requiere un alto grado de innovación estratégica, inversión y riesgo iniciales significativos.	Quedar atrapado en guerras de precios o competencia excesiva, dificultando la rentabilidad y crecimiento sostenible.
Scrum / Agile	Aumenta colaboración, productividad, flexibilidad ante cambios rápidos, mejora continua del producto y compromiso del equipo.	Necesita cambio cultural profundo y puede enfrentar resistencia inicial en equipos tradicionales o rígidos.	Equipos menos adaptables y productivos, procesos lentos y burocráticos, dificultad para ajustarse a cambios del mercado en tiempo real.
Design Thinking	Fomenta la empatía con clientes y usuarios, impulsa la creatividad colaborativa y asegura soluciones prácticas y centradas en el usuario.	Puede ser percibida como abstracta o poco estructurada si no se implementa bien; requiere entrenamiento y cultura abierta.	Riesgo de desarrollar productos o servicios desconectados de la necesidad real del cliente, perdiendo oportunidades clave de mercado.

Las empresas modernas que no adoptan técnicas innovadoras limitan severamente su capacidad de competir, comprometen la motivación de sus empleados y pierden oportunidades valiosas para un crecimiento sostenible.

"La innovación no es opcional, sino fundamental. Sin ella, cualquier empresa queda atrás inevitablemente."

Cuadro: Técnicas de Innovación Empresarial, Adopción y Resultados

Técnica de Innovación	Porcentaje de Adopción y Efectividad	Empresas Líderes y Resultados Concretos
Innovación Incremental	El **54%** de las empresas	**Apple y Toyota:** Han mejorado

	que adoptan innovaciones incrementales reportan un crecimiento de ingresos anual superior al **10%**.	constantemente sus productos y procesos, aumentando ingresos y fidelizando clientes a través de mejoras continuas.
Scrum / Agile	El 72% de empresas que usan metodologías ágiles como Scrum han logrado incrementos en productividad superiores al 25% (McKinsey).	**Spotify y Amazon** aplican métodos ágiles para adaptarse rápidamente al mercado, aumentando eficiencia y reduciendo costos operativos.
Lean Startup	Empresas que aplican Lean Startup tienen una tasa de éxito comercial un 40% superior frente a métodos tradicionales (Harvard Business Review).	**Dropbox y Airbnb** han validado rápidamente sus productos con Lean Startup, ahorrando costos y acelerando su crecimiento global.
Estrategia Océano Azul	Empresas que han implementado Océano Azul han incrementado ingresos hasta un 40% al crear mercados sin competencia directa (INSEAD).	**Cirque du Soleil y Nintendo (con Wii)** crearon nuevos segmentos de mercado, diferenciándose y aumentando significativamente sus ganancias.
Innovación Incremental	El 80% de las empresas adopta esta técnica por su menor riesgo. Genera ingresos constantes y crecimiento estable del 10-15% anual (Harvard Business Review).	**Apple** mejora continuamente productos (iPhone, MacBook), manteniendo lealtad del cliente y ventaja competitiva.
Innovación Abierta (Open Innovation)	El 60% de grandes compañías globales reportan usar innovación abierta, obteniendo un crecimiento promedio de 20% en rentabilidad (Harvard Business Review).	**Google y Microsoft** colaboran con startups externas para acelerar su innovación, generando soluciones disruptivas.
Lean Startup	68% de las startups que adoptan Lean Startup logran validar su negocio en menos tiempo y con menor inversión (Universidad de Stanford).	**Airbnb y Dropbox** usaron esta técnica para validar rápidamente su negocio y crecer aceleradamente con menor inversión inicial.
Design Thinking	Empresas que aplican Design Thinking reportan aumentos del 35% en satisfacción del cliente y del 30% en retención de clientes (IBM).	**IBM y SAP** desarrollan productos enfocados en necesidades reales del cliente, mejorando así su posicionamiento en el mercado.
Tiempo creativo (20% del tiempo laboral dedicado a innovación)	Estudios revelan que empresas que permiten a sus empleados dedicar	**Google** desarrolló productos como Gmail, Google Maps y Google News usando esta técnica

el 20% de su tiempo a proyectos innovadores han incrementado hasta un 50% la generación de nuevos productos exitosos (University of California).

de libertad creativa.

CAPÍTULO 7: EL CAMINO HACIA UNA VIDA PLENA Y CON PROPÓSITO.

"El propósito no se encuentra en el mundo externo; nace cuando reconectas con tu ser interior." — José Tadeo

Mi película favorita desde niño o joven fuè CasaBlanca y ahora que me puse a analizar desde el propósito ahora es que entiendo porque me gusta aun tanto.

Casablanca y la Búsqueda del Propósito en "El Síndrome de la Vida Ocupada".

La historia de *Casablanca* no es solo un clásico del cine, sino también un reflejo de la lucha interna que muchas personas experimentan cuando se ven atrapadas entre el deber, la rutina y el propósito verdadero. En *El Síndrome de la Vida Ocupada*, utilizo esta película como una metáfora para explicar cómo las personas, al igual que el protagonista, **sacrifican su propósito original por la inercia del sistema o por las exigencias de la vida moderna.**

Rick Blaine y la Desconexión con el Propósito.

Rick Blaine, interpretado por Humphrey Bogart, es un hombre con un pasado idealista que, debido a las circunstancias de la vida, **se ha convertido en un cínico que opera un café en Casablanca**. En su juventud, luchaba por causas nobles, pero con el tiempo, la decepción lo llevó a refugiarse en el pragmatismo y la indiferencia. **Paralelo con la vida real:**
Muchas personas comienzan con sueños y valores claros, pero el sistema los empuja hacia la productividad incesante, el trabajo sin sentido y la búsqueda de validación externa. Se desconectan de su propósito original y terminan sobreviviendo en lugar de vivir con propósito. **Frase clave de Rick:** *"No arriesgo mi cuello por nadie.* Refleja

el momento en que ha renunciado a sus principios y a su propósito de vida.

Ilsa Lund y la Dificultad de Elegir el Propósito Correcto.

Ilsa (Ingrid Bergman) es un personaje atrapado entre el amor por Rick y su compromiso con la causa de su esposo, el líder de la resistencia Victor Laszlo. Ella representa **el dilema entre el deseo personal y el deber mayor**, un conflicto que muchas personas enfrentan cuando deben elegir entre su paz interior y las expectativas externas.

Paralelo con la vida real:

Quienes están atrapados en *El Síndrome de la Vida Ocupada* suelen sentir que tienen que complacer a todos y cumplir con lo que se espera de ellos, perdiendo su verdadera identidad en el proceso.

Frase clave de Ilsa:

"El mundo se está desmoronando y nosotros nos enamoramos."
→ Refleja la lucha entre lo que el corazón anhela y lo que el mundo exige.

Victor Laszlo y la Fe en un Propósito Superior.

Victor Laszlo (Paul Henreid) es el líder de la resistencia, un hombre que, pese a las dificultades, sigue luchando por un propósito mayor. Él representa **la convicción** de vivir con una causa clara, sin desviarse por distracciones o deseos pasajeros.

Paralelo con la vida real:
En contraste con Rick, que se ha desilusionado y resignado, Victor **sabe quién es y por qué lucha**, algo que muchas personas han olvidado debido a la rutina, la sobrecarga de trabajo y el miedo a cambiar de vida.

Frase clave de Victor:
"Cada uno de nosotros tiene un destino por cumplir."
→ Muestra la importancia de actuar en función de un propósito claro.

El Desenlace: Rick Recupera su Propósito.

Al final de la película, Rick deja de lado su cinismo y **toma una decisión basada en su propósito real**. En lugar de aferrarse a Ilsa, la deja partir con Victor porque entiende que hay algo más grande en juego.

Paralelo con la vida real:

Este momento representa cuando una persona, después de años de estar atrapada en la rutina y el esfuerzo incesante, **se da cuenta de que debe soltar lo que lo ata y reencontrarse con su propósito original**.

Frase clave de Rick:
"Siempre tendremos París."
→ En lugar de quedarse atrapado en el pasado, acepta su destino y recupera

su sentido de misión. ¿Qué Nos Enseña Casablanca sobre el Propósito?

Casablanca nos deja varias lecciones que se alinean con *El Síndrome de la Vida Ocupada*:

1. **Muchas personas han perdido su propósito debido a las circunstancias de la vida, pero nunca es tarde para recuperarlo.**
2. **El sistema nos empuja a la inercia, pero el verdadero propósito requiere decisiones conscientes y valientes.**
3. **A veces, soltar algo nos acerca más a nuestro verdadero destino.**
4. **La fe en un propósito mayor es lo que distingue a quienes siguen adelante con claridad.**

En los pasados capítulos, hemos explorado en profundidad cómo la sociedad moderna, con su obsesión por la productividad constante y la búsqueda de validación externa, nos ha llevado a vivir una vida llena de estrés y desconexión interna. "**La trampa del esfuerzo incesante**" nos aprisiona en un ciclo interminable de actividades vacías, siempre persiguiendo una meta que parece estar cada vez más lejos. La avalancha de información y el deseo de obtener gratificación instantánea han generado una parálisis del propósito, donde el verdadero significado de la vida se ve opacado por distracciones y expectativas externas.

Sin embargo, ahora es el momento de reflexionar sobre cómo podemos liberarnos de este ciclo destructivo y reconectar con lo que realmente importa. El camino hacia una vida plena y con propósito comienza con un cambio en nuestra mentalidad, desprendiéndose de las expectativas externas y enfocándonos conscientemente en lo que nos brinda verdadera satisfacción. Es hora de tomar las riendas y dejar atrás las opiniones y presiones del mundo exterior para descubrir nuestro propio significado y felicidad interna

"La trampa del esfuerzo incesante" está estrechamente ligada a la **búsqueda del éxito material** y la idea errónea de que **"más es mejor"**. Vivimos en una sociedad que premia la productividad constante, el logro de metas visibles y la acumulación de bienes. Sin embargo, como hemos discutido a lo largo de este libro, esta mentalidad no solo es insostenible, sino que también nos aleja de nuestra verdadera esencia.

El primer paso hacia una vida más plena es reconocer que el verdadero éxito no se mide en la cantidad de trabajo que realizamos ni en los logros que mostramos al mundo, sino en la calidad de nuestra vida interna. La paz, la felicidad y el propósito no dependen de la cantidad de tareas que podemos completar, sino de cómo vivimos con intención. Esto significa tomarse un momento para reflexionar sobre lo que realmente nos importa, liberándonos de la presión constante de estar siempre ocupados y comenzando a priorizar lo esencial. Es importante conectarnos con lo que realmente nos importa y preguntarnos qué es lo que nos llena a nivel personal. ¿Qué verdaderamente nos importa? ¿Cuáles son nuestras motivaciones e intereses más profundos?

El ritmo frenético de la sociedad moderna nos arrastra y nos sumerge en un mar de distracciones, alejándonos de lo que realmente importa: nuestra salud, nuestras relaciones, nuestro propósito y nuestro bienestar emocional. En medio del caos, la conexión con uno mismo se convierte en el principio fundamental para alcanzar una vida plena. En lugar de sucumbir a la presión del éxito material y la validación externa, debemos redescubrir lo simple y lo auténtico. Reconocer que la verdadera riqueza reside en la calidad de nuestras experiencias y en nuestra capacidad para vivir alineados con nuestros valores más profundos. Solo entonces podremos encontrar la verdadera felicidad y plenitud en nuestras vidas.

Para alcanzar nuestro objetivo, es crucial definir nuestra idea de éxito. No debe ser medido por logros externos, sino por nuestra capacidad para vivir auténticamente, seguir nuestros principios y trabajar hacia un propósito que nos llene de verdadera realización. Al tomar decisiones basadas en lo que realmente importa para nosotros, en lugar de lo que se espera de nosotros, encontramos una profunda paz al vivir en congruencia. Es como si una densa nube gris se disipara y una cálida y brillante luz iluminara nuestro camino. Ahora pregúntate: **¿Eres feliz haciendo tu trabajo y siguiendo tus pasiones? ¿No crees que la recompensa llegará con el tiempo?** O mejor aún, si eres feliz cada día, ¿no crees que ya has encontrado tu recompensa? Porque lo primero que necesitamos es gratitud. Mi gratitud diaria es hacia Dios, pero la tuya puede ser hacia la vida o cualquier cosa en lo que creas. Y te aseguro que **Jesús** es el agua viva, si bebes de su fuente nunca más tendrás sed. Si le pides a través del Espíritu Santo dentro de ti, encontrarás el equilibrio entre el trabajo y el bienestar personal que tanto anhelas. Aunque hablaré en detalle sobre cómo vivo diariamente con el **Espíritu Santo** en otro capítulo, por ahora respetaré tus creencias. Sin embargo, luego te contaré cómo Cristo entró en mi vida, aunque ya lo he detallado en otros libros donde confrontamos la ciencia y la espiritualidad y descubrimos cómo siempre coinciden a pesar de lo que la gente pueda creer.

La armonía entre el trabajo y el bienestar personal es un elemento crucial para vivir una vida con propósito. En la agitada sociedad moderna, el trabajo suele convertirse en la prioridad número uno, dejando de lado el bienestar personal. Aunque esta mentalidad puede ser productiva a corto plazo, eventualmente lleva al agotamiento, estrés y desconexión emocional.

El trabajo es una parte importante de

nuestras vidas, pero no debe definirse ni consumirse por completo. Encontrar un equilibrio entre nuestras responsabilidades laborales y nuestras necesidades personales (tiempo para la familia, reflexión, descanso, cultivar tu espíritu y recreación) es fundamental para mantener nuestra salud física y emocional. Este equilibrio no solo nos ayuda a ser más productivos de manera saludable, sino que también enriquece nuestro ser como individuos, permitiéndonos vivir con un propósito más profundo y significativo.

La Paz Interior siempre será lo más importante en nuestras vidas. Un resultado de vivir con una intención clara y enfocarnos en aquello que realmente nos importa. Al buscar este equilibrio, podemos comenzar a experimentar una paz interior que no depende de lo material o de nuestras metas alcanzadas, sino de la satisfacción interna de vivir en armonía con nuestros valores. Esta calma interior surge cuando dejamos de buscar fuera lo que solo puede encontrarse dentro; un sentido profundo de estar en paz con uno mismo, sin importar las presiones externas que puedan surgir.

Una sensación de paz se extendía por todo su ser, pero no era una paz pasiva ni ausente de caos. Era una paz activa, que emanaba de la capacidad de tomar decisiones conscientes sobre cómo vivir, relacionarse con los demás y enfocar sus energías en lo que realmente importaba. Esta verdadera paz interior se convierte en el cimiento de una vida plena y significativa. Como decía **Maurice Merleau-Ponty**, en su fenomenología, la percepción no es simplemente una recepción pasiva de estímulos, sino una construcción activa del individuo que crea una "representación del mundo". Esta representación puede verse como un "mapa" mental del entorno. El mapa mental de una persona refleja no solo la información concreta que tiene, sino también sus valores, creencias y experiencias personales. Se va construyendo a través de la interacción entre el individuo y su entorno, y está en constante evolución conforme a nuevas experiencias y aprendizajes.

No quiero dejar esta oportunidad para compartir algo maravilloso que te va a ayudar y esta en la Biblia, en **carta a los Efesios**, Pablo habla con frecuencia de la renovación del pensamiento y de la vida espiritual, lo que implica una conexión entre la mente y el alma. Un pasaje destacado es **Efesios 4:22-24**, donde dice:

"En cuanto a la pasada manera de vivir, despojaos del viejo hombre, que está viciado conforme a los deseos engañosos, y renovaos en el espíritu de vuestra mente, y vestíos del nuevo hombre, creado según Dios en la justicia y santidad de la verdad."

En este pasaje, Pablo no menciona directamente el término "alma," pero al hablar de "renovaos en el espíritu de vuestra mente" y "vestíos del nuevo hombre," está llamando a una transformación integral que abarca tanto el **pensamiento (la mente)** como la **naturaleza espiritual interna** (el alma). El énfasis está en una renovación que alinea el intelecto y el ser interior con la voluntad de **Dios**, resultando en una vida caracterizada por la justicia y la santidad.

De este modo, aunque Pablo no utiliza las palabras exactas **"mente y alma"** juntas en una sola frase, **Efesios 4:22-24** sugiere claramente un proceso de renovación integral que afecta tanto el pensamiento como el espíritu interno, promoviendo una unidad interna que refleja la nueva vida en Cristo. ya seguiremos en el otro capítulo.

Es el momento de tomar acción, de dejar atrás la ilusión del éxito material que nos persigue sin descanso y comenzar a vivir con autenticidad. El desafío es abandonar la mentalidad de hacer más para ser más; ser conscientes, estar presentes y conectar con lo que realmente nos da sentido. Es hora de despertar y renacer.

Este es un llamado a priorizar el propósito antes que la productividad, a redefinir el éxito personal y aprovechar el tiempo de manera más reflexiva y significativa. Vivir de acuerdo con nuestros valores más profundos no solo nos lleva a una vida más plena, sino que también nos permite experimentar una mayor satisfacción interna y contribuir auténticamente al mundo que nos rodea.

El camino hacia una vida plena y con propósito no se encuentra en la cantidad de trabajo, la validación externa o los logros materiales. La verdadera plenitud se alcanza cuando liberamos nuestra mente del constante estrés, cuando nos desconectamos de la trampa del esfuerzo incesante, y cuando conectamos con lo que realmente importa: nuestra paz interior, nuestros valores, y el propósito que da sentido a nuestra existencia. Es hora de vivir con intención, buscando siempre el equilibrio entre el trabajo y nuestro bienestar personal, y aprendiendo a vivir auténticamente, sin dejarnos arrastrar por la superficialidad del éxito fugaz.

El verdadero éxito radica en vivir de acuerdo con lo que somos, no con lo que otros esperan de nosotros. Este es el llamado hacia la libertad interior, el propósito genuino y la paz duradera.

Con una profunda reflexión y una cuidadosa introspección, hemos dado un gran paso hacia adelante en nuestra comprensión de los efectos dañinos del ajetreo constante de la vida moderna. Este fenómeno, que he denominado **"El Síndrome de la Vida Ocupada y La trampa inagotable del esfuerzo incesante"** en este libro. Y ahora, al analizarlo junto con las enseñanzas de los más grandes filósofos y escritores, notamos que el simple hecho de sentir el anhelo por vivir con propósito ya representa un gran avance en nuestro despertar individual.

Una de las frases más célebres e importantes de Séneca nos invita a reflexionar sobre nuestras acciones futuras y es la siguiente: **"No es que tengamos poco tiempo, sino que lo desperdiciamos en exceso."** (De la brevedad de la vida, I.3). Es una advertencia poderosa sobre el valor del tiempo y cómo a menudo lo subestimamos o lo dedicamos a actividades superficiales en lugar de aprovecharlo al máximo. Con esta frase, Séneca nos insta a ser conscientes de nuestros actos y a tomar decisiones sabias en cuanto a cómo invertimos nuestro preciado tiempo.

CAPÍTULO 8: JESÚS Y EL CAMINO DE LA PLENITUD: LA CLAVE PARA CONECTAR CON EL SER Y LA PALABRA.

"Porque la mente puesta en la carne es muerte, pero la mente puesta en el Espíritu es vida y paz." — Romanos 8:6

Mi estilo de escritura se basa en buscar la verdad, aquella que ha sido discutida por científicos, filósofos y pensadores a lo largo de la historia. Me adentro en el mundo actual y lo comparo con otros autores para llegar a una conclusión verdadera. Siempre trato de encontrar la verdad o lo más parecido, incluso antes de conocer a Cristo o su existencia. Sin embargo, ahora reconozco que siempre ha estado a mi lado, incluso cuando mi ignorancia o un espiritu de estupor, me impedía verlo claramente. El **Espíritu Santo** llegó a mí, cómo puede llegar a ti también, y trabajó en mí para ayudarme a encontrar mi propósito en un camino que puede ser largo pero increíblemente gratificante. Por eso, en este importante capítulo, he elegido dos personajes clave: Mateo y Pablo, para ilustrar cómo el poder de Dios puede transformar nuestras vidas y guiarnos hacia nuestro destino final.

A través de sus cartas a los **Romanos, Efesios y Corintios, el apóstol Pablo** nos guía en un camino espiritual profundo para vivir una vida con propósito, en sintonía con Dios, los demás y nosotros mismos. En sus escritos, somos invitados a dejar atrás el ego, renovar nuestro espíritu y enfocarnos en la esencia misma del Evangelio: **el amor incondicional y la humildad que Jesús nos enseñó.** y para ello debemos abrir nuestro corazón y entender que la luz solo brilla en la oscuridad y todo lo que ha pasado tiene una razón de ser y es el Plan de **Dios** que es siempre perfecto. Si no eres creyente en mis anteriores libros demostramos científicamente y con argumentos que pueden cambiar tu vida como la ciencia coincide más de lo que tu crees con Dios.

Dentro del vasto e inspirador relato bíblico, pocas figuras encarnan tan poderosamente la transformación espiritual como **Pablo y Mateo.** Sus historias personales capturan la esencia de cómo el amor divino y el propósito pueden cambiar vidas consideradas incompatibles con el reino de **Dios.**

Pablo, cuyo nombre antes era Saulo, era un ferviente perseguidor de los cristianos. Su existencia anterior estaba marcada por un celo extremo hacia la ley religiosa, una determinación implacable para defender las tradiciones y una animosidad abierta hacia aquellos que proclamaban a Jesús como Mesías. Sin embargo, en su viaje a Damasco, tuvo un encuentro personal con **Cristo** que alteró drásticamente su rumbo. De perseguidor pasó a ser el más apasionado defensor del Evangelio, dedicando el resto de sus días a establecer iglesias, escribir cartas que ahora forman gran parte del Nuevo Testamento, y proclamar la gracia que él mismo había recibido. Su transformación no se limitó solo a su comportamiento, sino que afectó profundamente su corazón y su propósito. Pablo es un claro ejemplo de que ningún pasado es tan oscuro que la **luz de Cristo no pueda iluminarlo**.

Mateo, por otro lado, era un recaudador de impuestos, una profesión que en el contexto de la sociedad judía del siglo I, lo convertía en un marginado social. Como recaudador, trabajaba para las autoridades romanas y acumulaba riquezas muchas veces a través de prácticas opresivas. En la mente de los judíos, los recaudadores de impuestos eran vistos como colaboradores del imperio extranjero y pecadores notorios. Sin embargo, fue a un hombre como **Mateo** a quien Jesús miró y le dijo: "Sígueme". Mateo dejó su mesa de impuestos, su posición y su comodidad para convertirse en discípulo, evangelista y autor del primer Evangelio canónico. Su vida es una prueba de que Jesús no llama a los perfectos, sino que perfecciona a aquellos que son llamados por Él.

Al reflexionar sobre las historias de **Pablo y Mateo**, vemos dos extremos de la sociedad de su época: el fariseo legalista y el recaudador despreciado. En ambos casos, Jesús no solo los transformó, sino que los utilizó como instrumentos para difundir su mensaje. Esto nos recuerda que el poder de **Dios** se manifiesta en nuestra debilidad. Si personas como Pablo, un enemigo del cristianismo, y Mateo, un colaborador del imperio, pudieron ser renovados y llamados a una misión tan trascendental, entonces también podemos encontrar inspiración en ellos para superar nuestras propias limitaciones y conectarnos con nuestro propósito más profundo.

Por lo tanto, en este capítulo, las vidas de **Pablo y Mateo** no solo son ejemplos teológicos, sino testimonios vivientes del hecho de que encontrarse con Jesús redefine nuestras prioridades, nos libera del ego y nos llama a una vida plena y significativa.

Pablo nos recordaba con frecuencia que para encontrar un propósito verdadero en la vida, debemos dejar atrás el ego y todas las motivaciones egoístas que nos impulsan. En **Romanos 12:3**, por ejemplo, nos exhorta a través de estas palabras poderosas: "Digo, pues, por la gracia que me es dada, a cada cual que está entre vosotros, que no tenga más alto concepto de sí que el que debe tener, sino piense de sí con cordura, conforme a la medida de fe que **Dios** repartió a cada uno."

En este versículo, **Pablo** nos invita a una humildad genuina, reconociendo que todo lo que somos y hacemos proviene de Dios. Este principio se alinea perfectamente con las enseñanzas de **Jesús**. Según **Filipenses 2:5-8** (otra carta escrita por **Pablo**), Jesús se humilló a sí mismo hasta el punto de tomar forma de siervo y morir en la cruz por nosotros. Al superar nuestro ego y seguir el ejemplo del sacrificio y la humildad de Cristo, podemos liberarnos de las distracciones que nos alejan de nuestra verdadera naturaleza.

Además desprenderte de las apariencia quiere decir que estas viviendo Sin Ego, y por eso importancia de dejar atrás nuestro ego, y sacar de nuestro interior un hombre nuevo que se aleje de

"La Trampa inagotable del esfuerzo incesante" ya analizada y desenmascarada , Pablo también nos da instrucciones prácticas para vivir sin él ego, basadas en el amor y la unidad. En Efesios 4:2-3, dice: "Con toda humildad y mansedumbre, soportándonos con paciencia los unos a los otros en amor; procurando mantener la unidad del Espíritu en el vínculo de la paz."

Estas palabras nos enseñan que el camino hacia la plenitud no está en destacar por encima de los demás, sino en servir, mantener la unidad y amar incondicionalmente. El ego nos impulsa a buscar reconocimiento y superioridad, pero **Pablo** nos insta a seguir el ejemplo de **Jesús**, quien se enfocó en servir, amar y construir una comunidad basada en la compasión y el respeto mutuo.

Además, en **1 Corintios 13:4-5**, Pablo describe el amor como la antítesis del ego: "El amor es sufrido, es benigno; el amor no tiene envidia, el amor no es jactancioso, no se envanece; no hace nada indebido, no busca lo suyo, no se irrita, no guarda rencor."

Al practicar este tipo de amor que pone a los demás antes que a nosotros mismos, nos alejamos del ego y encontramos una paz y plenitud que trascienden las circunstancias externas.

Conexión con Dios y el Ser, Pablo nos invita a alinearnos con Cristo, pues en él encontramos el verdadero propósito de la vida. En Efesios 4:22-24, explica: "Dejad que vuestra antigua manera de vivir quede atrás, ese viejo ser que se deja engañar por los deseos malintencionados. Dejad que vuestro espíritu se renueve y revista un nuevo carácter creado según la voluntad de Dios, justa y santa." Este proceso de renovación espiritual nos permite desprendernos de nuestras antiguas formas de vivir centradas en nosotros mismos y abrazar una nueva vida, moldeada por la verdad, la justicia y la santidad que encontramos en **Cristo**. Al dejar de depender de las apariencias externas y enfocarnos en nuestra relación con Dios, nuestro alma encuentra su propósito y dirección. **El Espíritu Santo forma parte de la Santísima Trinidad** y nos guía en este camino, transformando nuestro interior y permitiéndonos vivir con un propósito eterno.

Jesús también nos enseñó que toda la ley y los profetas pueden resumirse en dos grandes mandamientos: amar a **Dios** con todo nuestro corazón, alma y mente, y amar a nuestro prójimo como a nosotros mismos **(Mateo 22:37-40)** " Amarás a Dios con todo tu corazón, con toda tu alma y con toda tu mente. Este es el gran mandamiento, el primero. Pero hay otro muy parecido: Amarás a tu prójimo como a ti mismo. Toda la Ley de los profetas se fundamentan en estos dos mandamientos". Además Pablo, en sus cartas, nos recuerda constantemente esta enseñanza. Por ejemplo, en **Romanos 13:10** dice: "El amor no hace daño al prójimo; así que el cumplimiento de la ley es el amor."

Cuando nos enfocamos en estos dos grandes mandamientos del amor, nuestras vidas se alinean con nuestro propósito más elevado. Al amar a **Dios** y a nuestro prójimo, nuestras acciones reflejan nuestra fe y nuestra alma encuentra su verdadera dirección.

Así pues la renovación espiritual no es un evento único, sino un proceso continuo. En **2 Corintios 4:16, Pablo** nos dice: "Por lo tanto, nunca nos desanimamos. Aunque nuestro ser exterior se desgasta, nuestro interior se renueva día tras día." Este proceso diario de renovación interior, guiado por el **Espíritu Santo**, nos fortalece y nos llena de propósito. Cada día, al acercarnos a Dios en oración y meditación, al reflejar su amor en nuestras relaciones y al buscar su verdad en las Escrituras, nos convertimos en una nueva creación. Esta transformación nos lleva a una vida plena, alineada con la voluntad divina. y vean como Pablo coincide con los Filósofos y con la Ciencia y autores incluso Ateos.

Quiero llamarlos a reflexionar sobre cómo

las enseñanzas de Pablo en sus cartas nos muestran el camino hacia una vida significativa y llena de propósito. Al superar el ego, alinear nuestra vida con **Jesús** y renovar nuestro espíritu, podemos alcanzar la plenitud espiritual. Es en la humildad, en el amor incondicional y en la conexión con **Dios** donde encontramos nuestra verdadera esencia. A dejar lejos "La Trampa inagotable del esfuerzo incesante"

Sigamos el ejemplo de Jesús, despojándonos de nuestras viejas formas de pensar y sintiendo en nosotros mismos una renovación del espíritu. Que nuestro propósito divino nos guíe en todo momento. Amando a **Dios** por encima de todas las cosas y a nuestro prójimo como a nosotros mismos, permitamos que el amor y la verdad transformen cada aspecto de nuestra existencia. Solo entonces podremos experimentar la plenitud y la paz interior que provienen de vivir en armonía con nuestro verdadero ser y seguir fielmente la palabra de **Dios**. Deja a **Dios** toda la carga pesada y empieza a vivir con propósito ya es hora.

Quiero incorporar algo que para mi es muy importante, que ya está en mi libro " El Poder de Brillar en Silencio" pero en este libro queda justo a la medida y es este pasaje de **Mateo 6:1-7,** Jesús nos guía para que nuestras acciones, en especial las espirituales, no sean motivadas por el deseo de agradar a los demás, sino para conectarnos auténticamente con **Dios**. Actuar con humildad y en silencio revela la pureza de nuestros corazones y nos acerca al propósito divino, alejándonos del ensordecedor clamor de la aprobación externa.

Mateo 6:1-7 (Reina-Valera 1960)

- Guardaos de hacer vuestra justicia delante de los hombres, para ser vistos de ellos; de otra manera no tendréis recompensa de vuestro Padre que está en los cielos.

- Cuando, pues, des limosna, no hagas tocar trompeta delante de ti, como hacen los hipócritas en las sinagogas y en las calles, para ser alabados por los hombres; de cierto os digo que ya tienen su recompensa.

- Mas cuando tú des limosna, no sepa tu izquierda lo que hace tu derecha,

- para que sea tu limosna en secreto; y tu Padre que ve en lo secreto te recompensará en público.

- Y cuando ores, no seas como los hipócritas; porque ellos aman orar en pie en las sinagogas y en las esquinas de las calles, para ser vistos de los hombres; de cierto os digo que ya tienen su recompensa.

- Mas tú, cuando ores, entra en tu

aposento, y cerrada la puerta, ora a tu Padre que está en secreto; y tu Padre que ve en lo secreto te recompensará en público.

Y orando, no uséis vanas repeticiones, como los gentiles, que piensan que por su palabrería serán oídos. Este pasaje nos recuerda que el verdadero valor de nuestras acciones reside en la intención con la que las realizamos, no en el reconocimiento externo que buscamos. Dios, quien todo lo ve, honra la humildad y la sinceridad.

En un mundo lleno de ruido, aprender a actuar en silencio, con propósito y discreción, es una manera de conectarnos profundamente con lo divino y encontrar nuestro propósito espiritual. Que estas palabras te guíen hacia una fe genuina y un corazón humilde en tus acciones y que no importen las apariencias. Solo importa cómo somos vistos ante los ojos del Padre. Este libro es una guía para encontrar sentido y enfoque en tu vida, demostrando cómo la ciencia y la espiritualidad pueden estar alineadas cuando se viven con propósito. Es un trabajo diario, pero profundamente satisfactorio. No sigas validándote con quienes no debes. Pregúntate siempre si realmente vale la pena. Y sobre todo, pregúntate: ¿esto alegrará a Dios? Esa es la gran pregunta que te ayudará a no equivocarte.

Anexos Tablas Resumenes de los autores tratados en el Libro.
Este cuadro resume los personajes clave, sus aportes en el libro y citas Resumen del Libro.

Nombre	Profesión	Año	Aportación clave en el libro	Cita Curiosa para Entrevista
William Randolph Hearst	Magnate de la prensa	1863 - 1951	Creó el modelo de *noticias sensacionalistas*, donde la urgencia y el escándalo distraen de lo	*"Ustedes proporcionan las imágenes, yo proporcionaré la guerra."*

EL SÍNDROME DE LA VIDA OCUPADA

			realmente importante. Su legado demuestra cómo la *sobrecarga de información* puede generar la falsa sensación de que debemos estar ocupados constantemente.	
Joseph Pulitzer	Periodista y editor	1847 - 1911	Fundador del *periodismo de masas*, sentó las bases de la cultura de la información incesante, donde estar informado se convierte en una tarea interminable.	*"Un periódico debe iluminar la oscuridad, no aprovecharse de ella."*
George Orwell	Escritor y ensayista	1903 - 1950	En *1984*, muestra cómo la manipulación del lenguaje y la narrativa pueden controlar el pensamiento y la percepción de la realidad. Su visión es clave para entender cómo la sociedad actual nos condiciona a estar ocupados.	*"La guerra es la paz. La libertad es la esclavitud. La ignorancia es la fuerza."*
Aldous Huxley	Escritor y filósofo	1894 - 1963	En *Un Mundo Feliz*, advierte que la sobrecarga de placer y entretenimiento superficial puede ser tan opresiva como la censura, haciendo que las personas acepten una vida sin propósito. En el libro, Huxley refuerza la idea de que la distracción constante nos impide reflexionar sobre lo esencial.	*"La dictadura perfecta tendría la apariencia de una democracia."*
Maurice Merleau-Ponty	Filósofo fenomenológico	1908 - 1961	Explica la *percepción selectiva*: solo vemos lo que nuestro cerebro está condicionado a notar. En el libro, se usa para demostrar cómo muchas personas no perciben que están atrapadas en el *Síndrome de la Vida Ocupada* porque han sido entrenadas para normalizarlo.	*"Solo vemos lo que estamos preparados para ver."*
Jeff Young	Psicólogo y terapeuta cognitivo	1950 - presente	Su teoría de los *esquemas mentales* explica por qué repetimos patrones automáticos sin darnos cuenta. En el libro, ayuda a entender cómo la mentalidad de *estar siempre ocupados* se convierte en un hábito difícil de romper.	*"No elegimos nuestros hábitos, pero nuestros hábitos terminan eligiendo la vida que vivimos."*
Deff Young	Atleta (Carrera de Melbourne)	Año desconocido	Su historia en la *carrera de Melbourne* muestra que la mente abandona antes que el cuerpo. En el libro, es un símbolo de *resistencia mental* y cómo la disciplina puede ayudarnos a salir de la trampa del esfuerzo incesante.	*"Cuando pienses que ya no puedes más, tu cuerpo todavía tiene el 40% de energía guardada."*
Tony Schwartz	Consultor en productividad	1952 - presente	En *The Power of Full Engagement*, plantea que el rendimiento óptimo no depende del tiempo, sino de la *gestión de la energía*. Su trabajo desmonta la idea de que estar ocupados todo el día es la clave del éxito.	*"La energía es nuestro recurso más valioso, y sin embargo, la mayoría la gasta sin administrarla."*
Chris Hedges	Periodista y escritor	1956 - presente	En *Empire of Illusion*, critica la sociedad del espectáculo y el consumismo vacío,	*"Si trabajas solo para pagar cuentas, vives solo para sobrevivir."*

Timothy Ferriss	Empresario y escritor	1977 - presente	En *La Semana Laboral de 4 Horas*, plantea que la clave del éxito no es trabajar más, sino trabajar estratégicamente y vivir con propósito.	*"Ser ocupado es una forma de pereza: pereza de pensar y de priorizar."*
Georg Wilhelm Friedrich Hegel	Filósofo idealista	1770 - 1831	Su teoría de la *dialéctica* explica cómo el conflicto entre opuestos genera evolución y progreso. En el libro, ayuda a entender cómo la lucha entre productividad extrema y reflexión nos permite encontrar un equilibrio.	*"La historia del mundo no es más que el progreso de la conciencia de la libertad."*
Zygmunt Bauman	Sociólogo	1925 - 2017	Su concepto de *modernidad líquida* explica cómo la falta de estabilidad y el cambio constante generan ansiedad, obligándonos a estar siempre en movimiento sin nunca sentirnos satisfechos.	*"En un mundo de consumidores, el principal producto somos nosotros mismos."*
Herbert Marcuse	Filósofo y sociólogo	1898 - 1979	En *El Hombre Unidimensional*, describe cómo el sistema económico convierte a las personas en *máquinas productivas* que miden su valor solo en función de su utilidad laboral.	*"La productividad sin propósito es una forma de esclavitud."*
Sherry Turkle	Psicóloga y autora	1948 - presente	En *En Defensa de la Conversación*, estudia cómo la *hiperconectividad digital* destruye la atención y la capacidad de reflexión, contribuyendo al agotamiento mental.	*"Estamos más conectados que nunca, pero más solos que nunca."*
San Pablo y San Mateo	Apóstoles y escritores bíblicos	Siglo I	Sus enseñanzas muestran cómo el desapego del mundo y la conexión con Dios son la clave para encontrar paz y propósito en la vida.	*"No os conforméis a este siglo, sino transformaos por medio de la renovación de vuestro entendimiento."* (Romanos 12:2)

Anexo una herramienta importante y es :
Efesios 6:11-17: **"Revístanse con la armadura de Dios, para que puedan resistir las asechanzas del diablo."**

En *El Síndrome de la Vida Ocupada*, la **Armadura de Dios** es presentada como la única protección real contra la presión del mundo moderno, que nos empuja a vivir en una carrera interminable de productividad sin propósito. Mientras la sociedad nos dice que solo valemos por lo que hacemos y logramos, Dios nos llama a encontrar descanso en Él y a vivir con un propósito alineado con Su voluntad.

Cada pieza de la **Armadura de Dios** nos ayuda a **romper la trampa del esfuerzo incesante y recuperar la paz interior**:

Pieza de la Armadura	Cómo nos protege del Síndrome de la Vida Ocupada
El cinturón de la verdad (Efesios 6:14)	Nos libera de la mentira del mundo que dice que solo valemos si estamos ocupados y productivos. Nos recuerda que nuestro valor viene de Dios, no de los logros.
La coraza de la justicia (Efesios 6:14)	Protege nuestro corazón del ego, la comparación y la obsesión con el reconocimiento social. Nos recuerda que la verdadera justicia es vivir conforme a la voluntad de Dios.
El calzado del evangelio de la paz (Efesios 6:15)	Nos ayuda a caminar con propósito, sin correr desesperadamente tras metas vacías. Nos recuerda que el éxito sin paz no es verdadero éxito.
El escudo de la fe (Efesios 6:16)	Nos protege de los dardos de la ansiedad, el estrés y el miedo al fracaso. Nos recuerda que confiar en Dios es la clave para una vida equilibrada.
El casco de la salvación (Efesios 6:17)	Protege nuestra mente de pensamientos de insuficiencia, agotamiento y autoexigencia extrema. Nos recuerda que nuestra identidad está en Cristo, no en lo que hacemos.
La espada del Espíritu	Es nuestra herramienta para

(la Palabra de Dios)
(Efesios 6:17)

combatir la presión del mundo con la verdad de Dios. Nos ayuda a discernir lo que realmente importa y nos da fortaleza para decir no a las distracciones.

Los Nombres de Jesús: Una Revelación de Amor y Salvación. Un obsequio para el Lector.

En esta sección, exploramos los nombres que representan la divinidad, el propósito y la misión de Jesús, presentados en arameo, hebreo y su contexto en las Escrituras. Cada nombre es un recordatorio de Su amor eterno y Su papel central en nuestra fe.

1. Yeshúa (יֵשׁוּעַ)

- **Significado:** "El Señor es salvación."
- **Idioma:** Hebreo.
- **Referencia Bíblica:** Mateo 1:21
  "Ella dará a luz un hijo, y tú le pondrás por nombre Jesús, porque

él salvará a su pueblo de sus pecados."

2. Immanuel (עִמָּנוּאֵל)

- **Significado:** "Dios con nosotros."
- **Idioma:** Hebreo.
- **Referencia Bíblica:** Isaías 7:14

"Por tanto, el Señor mismo les dará una señal: La virgen está encinta y da a luz un hijo, y le pondrá por nombre Emanuel."

3. Rabbi (רַבִּי)

- **Significado:** "Maestro."
- **Idioma:** Arameo.
- **Referencia Bíblica:** Juan 1:38

"Jesús se volvió, y al ver que lo seguían les preguntó: ¿Qué buscan? Ellos le dijeron: Rabí (que significa Maestro), ¿dónde te hospedas?"

4. Hijo del Hombre (בר אנש)

- **Significado:** "Representante de la humanidad."
- **Idioma:** Arameo.
- **Referencia Bíblica:** Daniel 7:13

"Vi en las visiones nocturnas, y he aquí, con las nubes del cielo venía uno como un hijo de hombre, que se acercó al Anciano de Días, y fue presentado ante él."

5. Mesías (מָשִׁיחַ)

- **Significado:** "El Ungido."
- **Idioma:** Hebreo.

- **Referencia Bíblica:** Juan 1:41
"*Éste encontró primero a su hermano Simón, y le dijo: Hemos hallado al Mesías (que traducido es el Cristo).*"

6. Adonai (אֲדֹנָי)

- **Significado:** "Señor."
- **Idioma:** Hebreo.
- **Referencia Bíblica:** Salmos 110:1
"*Dijo el Señor a mi Señor: Siéntate a mi derecha, hasta que ponga a tus enemigos como estrado de tus pies.*"

7. Kyrios (Κύριος)

- **Significado:** "Señor o Dueño."
- **Idioma:** Griego del Nuevo Testamento.
- **Referencia Bíblica:** Romanos 10:9
"*Si confiesas con tu boca que Jesús es el Señor y crees en tu corazón que Dios lo levantó de entre los muertos, serás salvo.*"

8. El Cordero de Dios (טָלֶה הָאֱלֹהִים)

- **Significado:** "El sacrificio perfecto."
- **Idioma:** Hebreo.
- **Referencia Bíblica:** Juan 1:29
"*Al día siguiente, Juan vio a Jesús que venía hacia él y dijo: ¡Aquí tienen al Cordero de Dios, que quita el pecado del mundo!*"

9. Rey de Reyes (מֶלֶךְ הַמְּלָכִים)

- **Significado:** "Soberano de todo."
- **Idioma:** Hebreo.
- **Referencia Bíblica:** Apocalipsis 19:16
  "En su manto y en su muslo lleva escrito este nombre: Rey de reyes y Señor de señores."

10. El Camino, la Verdad y la Vida (הַדֶּרֶךְ, הָאֱמֶת, הַחַיִּים)

- **Significado:** "La guía divina hacia Dios."
- **Idioma:** Hebreo.
- **Referencia Bíblica:** Juan 14:6
  "Yo soy el camino, la verdad y la vida —le contestó Jesús—. Nadie llega al Padre sino por mí."

Descripción y Simbolismo de la Portada

1. **La Cruz de Madera con Relieve:**

   - **Simbolismo:** La cruz de madera con el relieve del tallo de una planta recuerda la sencillez y la humildad de Cristo. La madera evoca la humanidad de Jesús y Su sacrificio en la cruz, mientras que el tallo representa el crecimiento espiritual y la vida eterna que brota de Su redención.
   - **Mensaje:** Invita al lector a reflexionar sobre el poder de la cruz como guía hacia la fe y la salvación.

2. **El Cáliz Decorado:**

   - **Simbolismo:** Representa el cáliz utilizado en la Eucaristía, un recordatorio del sacrificio de Cristo y Su invitación a participar en la comunión. Su diseño ornamentado simboliza la reverencia y la belleza de los misterios divinos.
   - **Mensaje:** Señala la importancia de acercarse a los sacramentos como fuente de gracia y renovación espiritual.

3. **El Rosario de Madera:**

   - **Simbolismo:** El rosario es un llamado a la oración y a la intercesión de la Virgen María. La madera, como material, refuerza la conexión con la simplicidad y la devoción personal.
   - **Mensaje:** Inspira al lector a profundizar en la oración y a buscar consuelo en la contemplación de los misterios de la vida de Cristo.

4. **La Vela Encendida:**

   - **Simbolismo:** La luz de la vela representa la presencia

de Cristo, la luz del mundo que guía a los creyentes en tiempos de oscuridad.
- **Mensaje:** Evoca esperanza, fe y la promesa de la salvación.

5. La Biblia Abierta:

- **Simbolismo:** La Palabra de Dios, abierta y accesible, invita al lector a sumergirse en la sabiduría divina. El marcador en la página recuerda que la fe es un viaje continuo, con cada página revelando una verdad más profunda.
- **Mensaje:** Subraya la importancia de la Escritura como fundamento de la vida espiritual.

6. El Cristal y la Cruz de Plata:

- **Simbolismo:** El cristal transparente simboliza la pureza y la claridad de la fe, mientras que la cruz de plata representa la fortaleza y la incorruptibilidad de la vida en Cristo.
- **Mensaje:** Refuerza la idea de que la fe, aunque a menudo invisible, tiene un impacto poderoso y transformador en nuestras vidas.

7. El Entorno Rústico:

- **Simbolismo:** La mesa de madera envejecida y el entorno cálido evocan una atmósfera de tradición, simplicidad y devoción sincera, que resuena con las raíces del catolicismo.
- **Mensaje:** Invita a los lectores a volver a lo esencial y a valorar la quietud y la introspección en un mundo lleno de distracciones.

Explicación para los Lectores:

Esta portada no es solo una imagen, sino una experiencia visual que refleja los temas fundamentales del libro: la búsqueda de propósito, la conexión con la fe y el regreso a una vida enraizada en lo divino. Cada elemento ha sido seleccionado para recordar al lector que, en el silencio de la oración y en la contemplación de los misterios de Dios, podemos encontrar respuestas, consuelo y renovación espiritual.

Agradecimiento

Doy gracias a Dios, en el nombre del Padre, del Hijo y del Espíritu Santo, por Su infinita misericordia y amor que me han guiado en cada paso de este camino. A mi esposa e hijos, mi familia amada, por su apoyo incondicional y su luz en mi vida. A mis padres y mi hermano, por ser pilares de fortaleza y ejemplo, y a mis amigos, por su amistad sincera. Toda la gloria y el honor sean para Dios por siempre. **Amén.**

TABLA DE CONTENIDO
**El Síndrome de la Vida
Ocupada: Encuentra Propósito**

1. **Prólogo**

2. **Capítulo 1: El Síndrome de la Vida Ocupada: ¿Por Qué Normalizamos la vida ocupada, el espejismo que nos han vendido y la Apariencia?.**

3. Capítulo 2: La Trampa del Esfuerzo Incesante: Reflexiones de Pensadores y Psicólogos sobre la Obsesión por el Trabajo y la Productividad.

4. Capítulo 3: El Espejismo de la Productividad: El Síndrome de la Vida Ocupada y la Búsqueda del Éxito Ficticio.

5. Capítulo 4: El Síndrome de la Generación de Cristal: La Información Excesiva y la Parálisis del Propósito.

6. Capítulo 5: El Regreso a lo Simple: Conectar con el Propósito y la Paz Interior.

7. Capítulo 6: Empresas con propósito, Equipos con Energía.

8. Capítulo 7: El Camino hacia una Vida Plena y con Propósito.

9. Capítulo 8 Jesús y el Camino de la Plenitud: La Clave para Conectar con el Ser y la Palabra.

10. Anexos.

Made in the USA
Columbia, SC
04 June 2025

58725164R00065